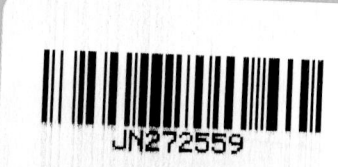

捨てない贅沢

東京の里山発 暮らしレシピ

アズマカナコ

けやき出版

〈もくじ〉

〈本書の使い方〉

●材料について

・エコの観点から、普段捨てることの多い野菜・果物の皮や種などを有効活用し、ごみを減らすことを意識して紹介しています。

・分量は、一度に作りやすい量（単位）で作っています。家族の人数などに合わせて作ってみてください。

●道具について

・粉末やペーストにするときは、ミキサーやミルサー、フードプロセッサーがあれば簡単ですが、なければすり鉢やおろし金、ザルと木べら、マッシャーなどの調理道具でも作れます。

・保存容器は、熱や塩分に強く丈夫なガラス、ホーロー容器、陶器が適しています。

●保存食について

・保存期間は目安です。気温や湿度、保存場所などによって変わってくるので、素材の変化を確認しながら食べてください。

・冷暗所は1～15℃、常温は15～25℃が目安です。

・保存容器や道具は、使う前に消毒をします。鍋に入る大きさのガラス瓶は、ひたひたの水に浸してから沸騰、煮沸消毒します。大きいものは、熱湯をまわし入れて消毒します。熱湯が使えない素材の場合は焼酎（35度以上のもの）を大さじ1程度まわし入れるか、熱湯消毒したふきんに浸して拭きます。竹ザルや木製の調理器具は、洗った後天日干しをして殺菌消毒します。

●瓶づめ

・ジャムやソースなど瓶づめにして長期保存する場合は、中身を熱いうちにつめ、上からふたを軽くのせてお湯を張った鍋に入れて15分ほど煮沸、または蒸し器で加熱します。その後、ふたを固くしめて逆さに置き、自然に冷まします。

●漬物について

・漬け汁や漬け床は、くり返し使えます。夏など傷みが心配であれば、一度煮立たせたり、味が薄くなったら調味料を少しずつ足します。

・肉や魚を漬けるときは臭いがつくので、必要な量を取り分けて使ってください。

・重石は、軽いものなら水を入れた瓶、お皿を重ねたり袋に小石やビー玉をつめたものを、重いものは電話帳や事典を重ねたりと、家にあるものでも代用できます。

●干し方について

・野菜や果物を干すときは日に当てて乾燥させますが、香りのある葉や花を干すときは、香りの成分が飛んでしまうので風通しの良い日陰に干します。

・カラカラに乾いたものは冷暗所で長期保存できますが、1年を目安に使い切り、毎年新しく作り直す方が良いでしょう。

・果物を干すときは、鳥が食べに来たり虫がつくことがあるので、ネットなどに入れると安心です。

●育て方について

・植物の育て方は、小さなスペースや鉢植えで育てやすいもの、食べた後の種から育てられるものを中心に紹介しています。

●調味料について

・塩や砂糖などの調味料は、保存性を高める働きがあります。もっと少ない分量にしたり使わずに作ることもできますが、長く活用できるように使用しています。

・砂糖は、粗糖・黒糖・てんさい糖・ハチミツ・メープルシロップ・水あめなど、好みや用途に合わせて代用し、使い分けてください。

●「薬効」について

・本文中の「薬効」は、それぞれの素材が持つ効能という意味です。体質や体調によって効果がない場合もあります。あくまで民間療法であることをご承知ください。

〈はじめに〉

子どものころ、大正生まれの祖母は私の残したみそ汁を「もったいない」と言いながら、また鍋にもどしていました。

物がない時代を経験している祖母は、捨てることを嫌い、どんなものでも工夫して上手に再利用しながら暮らしていました。例えば、チラシはくず入れや物を包むことに使い、古くなったセーターはほどいて編み直し、すっぱくなってしまった漬物は刻んで炒め、調理の後にほんの少し出たごみは、庭に埋めて土に還していました。

戦後、高度成長期を経て私たちの身のまわりには物があふれ、ありがたみや感謝の気持ちを忘れて、次第に捨てることに抵抗がなくなっていった気がします。ちょうどそのころから、ごみをはじめとする環境問題が目立ってきたような気がします。

私も大人になり、自然環境やエコについて考えたとき、ふと祖母の生き方を思い出しました。「もったいない」という意識を持って物事を見てみると、今まで何気なく捨てていた物は、まだ利用できたのではないかと気づきました。それから、祖母の生き方が私のお手本になりました。

やがて子どもが生まれ、縁あって東京の西郊・あきる野市にある古い民家で暮らしはじめました。家のまわりは、自然豊かな里山が広がっています。近所にも祖母のような暮らしを続けている方が多く、日々様々なことを教わっています。

昔ながらの知恵や、ちょっとした工夫で、物を生かして無駄なく使うことができます。楽しみながら作業をしているうちに、ごみの量も少なくなっていきました。

本書では、身近な旬の素材を季節ごとに取り上げ、捨てずに、上手に利用する方法をご紹介します。

春

春は、昔から苦いものを食べると良いと言われています。

この時期に採れるたけのこやふき、うど、せり、よもぎやどくだみなど苦みのあるものは、冬の間寒さに耐えるため、体に蓄積された老廃物を出す働きがあるそうです。

冬の間になまった体を動かすには、ほうきやはたき、ぞうきんを使ってそうじをするのがおすすめです。私はひとり暮らしのときからずっとほうきを愛用していますが、今も子どもたちを巻き込んで一緒にそうじをしています。子どもにもほうきを持たせ、ぞうきん競走をするなど遊びの１つにすると、喜んでやるようになりました。古着や使い古しのタオルをぞうきんにしたりと、家にあるものを利用して行っています。

種まきをしたり、野菜作りをはじめるのにも良い季節です。生ごみの堆肥化は、気温が上がると微生物の活動が盛んになり分解されやすくなるので、この時期からがぴったりです。

植物はベランダや鉢植えでも十分育てられるので、ぜひ挑戦してみてください。

タンポポ

春

旬は3～4月。野原や空き地、道端などどこでも見られる植物だが、薬効が高く世界的に薬草として利用されている。私は子どもと散歩中に綿毛の種を摘んできて庭にまいて育てたり、畑に生えたものを収穫したりして活用している。

育て方

タンポポは繁殖力が強くどんな場所でもよく育つので、庭や鉢植えでも育てられる。種を取ってきてそのまままくか、春か秋に濡らした布などに並べ発芽したものをまく。根っこを2～3cm切り、植えることもできる。
西洋タンポポはとくに繁殖力が強いので、育てるときは種が飛んで近所の迷惑にならないように注意する。

見分け方

見分け方は、花びらの下の部分（総包と呼ばれる部分）がそり返っているものが西洋タンポポ、そり返らないものが日本タンポポ。

西洋タンポポ　　日本タンポポ

タンポポの葉の利用法

タンポポの葉は多少苦みがあるが、生のままや茹でておひたしや佃煮にして食べられる。

- 生でサラダにするときは、内側のやわらかい葉をほかの野菜の中に少量加えると食べやすい。花には甘みがあるので、生のまま食べられる。
- おひたしは、葉を1分ほど茹でた後、30分しっかりと水にさらしておくと苦みがやわらぐ。
- 佃煮は、しょうゆ・みりん・砂糖で煮つめて汁気がなくなったら完成。冷蔵庫で1ヵ月ほど保存可能。
- 生の葉または乾燥させた葉（1分ほど蒸してから干す）に熱湯を注ぎ、ハーブティーのように飲むこともできる。

タンポポ茶・コーヒー

タンポポの根っこは漢方薬やハーブとしても利用されており、体を温めて血行をよくし、ホルモンの働きを整え母乳の分泌を促進する働きもあるそう。カフェインが含まれていないので、妊婦や授乳中の人向けのコーヒーに代用できる。
根を天日干しした後、フライパンで炒って作る。炒る時間と煮出す時間を長くすると、コーヒーのようになる。

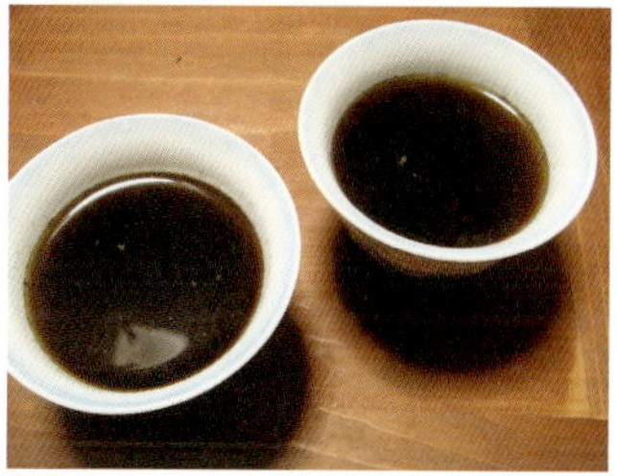

桜

春

桜は平安時代の和歌や俳句でも多く詠まれ、今も日本各地の桜の名所で多くの人に観賞され親しまれている。花の時期が3月末～4月はじめで学校によく植えられていることから、人生の転機を彩る木にもなっている。

桜の花の塩漬け

ソメイヨシノが散った後に咲きはじめる八重桜で、桜の塩漬けを作ることができる。塩漬けにすることで、桜の香りを長く楽しめる。

＊材料＊

八重桜の花（七分、八分咲きくらいのもの）……… 適量
塩 ……… 花の重量の20%
赤梅酢、仕上げ用の塩 ……… 適量

＊作り方＊

❶桜の花を水に入れてそっと洗い、水気を切る。陰干しをして乾かす。
❷容器に入れて塩をまぶし、軽めの重石（皿2～3枚程度）をしておく。
❸2～3日経って水分が上がってきたら水気を切り、漬け汁は捨てる。赤梅酢をかぶるくらい注ぎ、浮かない程度の重石をして1週間ほど漬ける。
❹水気を軽く絞り、ザルに広げて1日陰干しする。
❺塩を全体にまぶして容器に入れ、冷蔵庫で保存する。

冷蔵庫で半年、冷凍なら1年はもつ。熱湯を注いで桜湯にして飲むほか、緑茶や普段飲むお茶に1～2輪加えたり、軽く刻んでご飯に混ぜたり、クッキーやパンを作るときにのせて焼いたりと、いろいろ活用できる。

桜の葉の塩漬け

花が終わったころの若葉は、塩漬けにして香りや味を楽しめる。大島桜の葉がやわらかく食用に一番向いているが、ソメイヨシノやほかの種類の葉でも良い。

＊材料＊

桜の葉（若葉）	適量
塩	葉の重量の30%

＊作り方＊

❶桜の葉を洗い、蒸し器で2～3分蒸す。
❷水にとってからザルに上げ、水気を切る。
❸容器に塩をまぶしながら並べて、最後に重石をする。
❹翌日、水分が上がったらその水ごと保存容器に入れ、冷蔵庫で保存する。

漬ける前に蒸すことで口当たりが良くなる。もし葉が硬ければ、天日干しして粉末にするとお菓子やパン作りの香りづけになる。塩漬けの葉はおにぎりに巻いて食べたり、桜もちなどに利用できる。

大根の桜漬け

大根（またはかぶや玉ねぎでも）を赤梅酢で漬けて桜の花の塩漬けを添えると、桜色の春らしく美しい漬物ができる。

＊材料＊

大根	1/2本
桜の花の塩漬け・酢・赤梅酢	適量
塩	大さじ1
砂糖	大さじ2

＊作り方＊

❶大根を薄い輪切りか半月切りにする。
❷塩をまぶして混ぜ、水が出るまでしばらく置く。
❸水気を絞り、水洗いをしてからもう一度よく絞る。
❹鍋に酢少々と砂糖を入れ、火にかける。
❺砂糖が溶けたら、火を止めて冷ます。
❻❺に梅酢を入れて漬け汁を作る。（酢と梅酢は1：1の割合で大根がつかる程度の量）
❼容器に大根と桜の塩漬けを入れ、❻の液をかけて大根が汁につかるように軽く重石をする。

翌日、大根がピンク色に染まれば食べられる。汁に漬けたままで冷蔵庫に入れれば、1週間ほど保存可能。

よもぎ

春

旬は4～5月。道路脇や土手・河原などに生え、食用や民間薬として古くから日本人の生活に馴染みの深い植物。周りの雑草の中には似たような植物もあるが、よもぎは葉の裏が白いのが特徴。摘んだときや、葉を軽くもむと良い香りがするので見分けやすい。

育て方

よもぎは繁殖力が強くどんな場所でもよく育つので、庭や鉢植えでも育てることができる。よもぎを見つけたら、根っこから数cmのところで切り掘り上げ、好きなところに植えつける。
1～2週間ほどで定着する。(切り残した部分もしばらくすると再生する)
夏に花が咲くと秋に種ができるので、種を取ってきてそのまま土にまくか、保存して春にまいてもよい。

葉は必要な分だけ摘んでいけば、脇から新しい葉が出てきて長期間収穫できる。地下の茎を伸ばして、周りに新しい株が生えて増えていき、冬には地上の部分は枯れるが地下の茎は残っており、春になると再び生えてきて何年も楽しめる。

こんな使い方もおすすめ

〈よもぎご飯〉
よもぎの生葉をさっと茹でて水にさらす。煮汁と塩少々を加えてご飯を炊き、細かく刻んだよもぎを加える。

〈草木染め、化粧水〉
本書コラムP67、124参照

よもぎの焼酎漬けエキス

よもぎの葉の汁は、虫さされや打撲、腫れや切り傷などに効果がある。焼酎に漬け込んでエキスを抽出することで保存ができ、一年中利用できる。

＊材料＊

よもぎの葉……生なら20g、乾燥したものは10g
焼酎……………………………………300mℓ

＊作り方＊

よもぎの葉を洗って乾かし、焼酎に漬け込む。（乾燥したものはそのまま漬ける）
1ヵ月ほどしてから、葉を取り出して使う。
化粧水やお風呂に少量入れても良い。

よもぎ茶

よもぎの香りの成分は、不快な気分やイライラを静める作用があり、新陳代謝や血行を良くする効果もあると言われている。お茶なら、春～秋までの生葉でも、干して乾燥させた葉でも利用できる。
生の葉または乾燥させた葉を水に入れて煮出して飲む。冷めると香りも味も落ちてしまうので、すぐに飲みきるか魔法瓶に入れて保温しておくと良い。

POINT

よもぎは摘んでから時間が経つとどんどん苦みが増すので、早めに調理するのがポイント。春先の若葉はそのまま食べられるが、大きく成長した芽や秋の新芽は苦みが強くなるので、食べるときはアク抜きのため茹でるときに重曹を少々加える。お茶や食用以外に使う場合は、春～秋までの葉をそのまま利用できる。

たけのこ

春

旬は4～5月。竹は、成長のスピードが速くすくすくと真っすぐに伸びることから、縁起の良いものとされてきた。成長の速さゆえ、旬も短いので、見逃さずに利用したい。

たけのこの茹で方

掘りたてのたけのこは生や茹でるだけで食べられるが、時間が経ったものはえぐみが出てくるので、アク抜きが必要。
鍋に入る大きさに切り（皮はついたままの方が良いが、入らなければむいても）、たっぷりの水を入れた鍋で米ぬか（または米のとぎ汁）をひとつかみ入れて、30分ほど茹でる。火を止め、茹で汁に入れたまま冷ます。冷めたら水を張った容器に入れて、冷蔵庫で保存する。毎日水を替えれば1週間ほど保存可能。

こんな使い方もおすすめ

〈干したけのこ〉
茹でた後、食べやすい大きさに切ってカラカラになるまで天日干しをする。半日ほど水でもどし、料理に使う。

〈皮の利用法〉
本書コラムP122参照

たけのこの瓶づめ

❶煮沸消毒した瓶に、瓶に入る大きさに切って茹でたたけのこをきっちりとつめる。
❷沸騰させた湯に酢（水1ℓに対して酢大さじ3）を入れ、瓶いっぱいに注ぐ。
❸瓶の上にふたをのせて（ふたは締めない）、湯気の上がった蒸し器か沸騰した湯を張った鍋の中で、15分ほど加熱して殺菌する。
❹熱いうちに瓶のふたをしっかりと締め、冷めてから冷暗所で保存する。未開封なら1年ほど保存が可能。開封後は冷蔵庫に保存し、1週間ほどで使い切る。殺菌がうまくできていないと、中の水が次第に濁ってくる。もし濁りはじめたら早めに水洗いをして加熱調理をして使い切る。

いちご

旬は4～6月。鉢植えなど小さなスペースでも育てられるので、家庭菜園でも人気。無農薬の新鮮ないちごを育ててみては。

春

育て方

いちごは家庭でも簡単に育てられる。10～11月、3～4月ごろに出回る苗を購入して植えるか、10～11月ごろに親株から増えた子株を切り取って植えつける。寒さに強いが乾燥には弱く、土が乾いたら水やりをする。複数植える場合は、株の間隔は15cmほど空ける。実が色づきはじめるとよく鳥が食べにくるので、色づく前にネットなどをかけておくと安心。
収穫を終えると、ランナー（つる）が伸び、その先に子株が次々にできるので、つるの先端を紙パックや育苗ポットなどにのせて根づかせる。秋ごろ十分に根づいたら、ランナーを切り取ってそれぞれ育てていく。子株は1つの親株から2つ目くらいまでを育てる。親株も元気ならそのまま育てられ、翌年も収穫可能。

いちごシロップ

＊材料＊

いちご	適量
砂糖	いちごの重量と同量

＊作り方＊

1. いちごは洗って水気を切り、へたを取って半分に切る。
2. 砂糖の半量をまぶしながら瓶につめていく。
3. 残りの砂糖を上からまぶしふたをして、そのまま置いておく。ときどき瓶をゆすって砂糖がまんべんなく行き渡るようにする。
   砂糖が完全に溶ければ完成。

冷蔵庫に入れて、1ヵ月ほど保存可能（泡が出て発酵してきたら、弱火でひと煮立ちさせれば再び保存できる）。水や炭酸水で割ってジュースにしたり、かき氷のシロップやヨーグルト、アイスなどにかけて利用できる。冷凍した実でも作れる。

フキ

春

旬は3～5月。葉や茎を利用するほか、早春に葉より先に出てくる花のつぼみをフキノトウとして利用する。
子どものころは香りや苦みがあまり好きではなかったが、いつの間にかおいしいと感じるようになった。

育て方

フキはもともと日本の山野に自生する野草で、どんな土地でも育つので庭や鉢植えでも育てることができる。春か秋に根株を植えつける。繁殖力が強いので、一度植えると地下の茎を伸ばして毎年広がっていく。放任でもよく育つが乾燥には弱いので、土が乾いたら十分に水やりをする。日陰で湿気のある場所が一番育てやすい。
鉢植えの場合は、3～4年ごとに掘り起こして1株ずつに分けて植え替えると長く楽しめ、株を増やすことも可能。

こんな使い方もおすすめ

〈フキノトウみそ〉
フキノトウをさっと茹でて細かく刻み、みそ・砂糖・酒・みりんと混ぜ合わせて煮つめる。

〈飲む〉
のどの痛みや咳・たんが出るときは、乾燥させたフキノトウやフキの葉を煮出して飲むと良い。

〈塗る〉
虫さされ·切り傷や打ち身には、生の葉の絞り汁をつけると良い。

きゃらぶき

＊材料＊
フキ（茎の部分）…500g、しょうゆ…100cc、酒…100cc
砂糖…50g

＊作り方＊
❶フキの茎部分を鍋に入る程度の大きさに切り、塩を振ってよく板ずりする。（アクを抜いてえぐみを取るため）
❷塩がついたまま熱湯に入れ、5分ほど茹でる。
❸煮くずれを防ぐため、すじは取らずに水にさらす。
❹鍋にもどし、調味料を少しずつ加減しながら入れて煮つめる。
❺しんなりしてきたらいったん火を止め、味をなじませる。（2～3回くり返すと、味や色がよく染みる）
❻再び煮つめ、汁気がなくなったら完成。

冷めてから容器に入れ、冷蔵庫で1ヵ月ほど保存可能。フキは春～秋ごろまで生えているが、次第に硬くなってくるので6月あたりの収穫までが食べごろ。

フキの茎の煮物

＊材料＊
フキ…2～3本、塩…少々、ダシ汁1カップ、調味料（塩 小さじ1/2、砂糖 大さじ1と1/2、みりん 小さじ2、しょうゆ 少々）

＊作り方＊
❶～❷までは〈きゃらぶき〉と同じ。
❸冷水に入れ、すじを取る。
❹煮汁を煮立てて、フキを入れさらにひと煮立ちさせる。
❺フキをザルに上げて、煮汁と別々に冷ます。
❻冷めてからフキを再び煮汁につけ、1時間ほど置き味を含ませたら完成。

冷蔵庫で3日ほど保存できる。

フキの葉の煮物

＊材料＊
フキの葉…2～3本、塩…少々、ゴマ油…少々、調味料（しょうゆ 大さじ2、酒 大さじ2）、ゴマ…少々

＊作り方＊
❶フキの葉を千切りにする。
❷切った葉を軽く塩もみして水で洗い、固く絞る。
❸フライパンにゴマ油を熱し、強火でフキの葉がしんなりするまで炒める。
❹合わせておいた調味料を入れ、中火で汁気がなくなるまで煮て完成。盛りつけるときにゴマ少々を振りかける。

冷蔵庫で4～5日保存可能。

緑茶

春

旬は5月。日本では鎌倉時代から飲まれている伝統的な飲みもの。渋みの成分はコレステロールを減らしたり、抗菌、虫歯予防の働き、苦みの成分には眠気を抑える働きなどがあるとされている。緑茶は摂りすぎると体を冷やす性質もあるので、季節や体質に合わせて上手に利用してみては。

自家製ほうじ茶

緑茶を炒ることでカフェインの刺激や体を冷やす性質も消えて、子どもやお年寄りにも飲みやすく、日常的に飲むのに適したほうじ茶になる。

＊材料＊

緑茶………適量

＊作り方＊

緑茶の茶葉を弱火でから炒りする。色が茶色くなり香ばしい香りがしてきたら、火を止めて冷ます。

容器に入れて常温で保存できる。

こんな使い方もおすすめ

〈草木染め、化粧水〉

本書コラムP67、124参照

出がらしの利用法

お茶を生産している農家や産地では、飲んだ後の出がらしを上手に利用している。出がらしを食べることで茶葉に含まれる栄養も残さず摂れ、ごみも減らすことができる。

・茶葉の炊き込みご飯

ご飯を炊くときに出がらしをひとつかみ入れると、さっぱりとした味と香りの炊き込みご飯ができる。桜の塩漬けやゆかりなどを混ぜてもおいしい。

・茶葉の佃煮

出がらしに酒・しょうゆ・みりん・砂糖を加えて汁気がなくなるまで煮つめると佃煮になる。ちりめんじゃこやゴマなどを入れても。すぐに作らないときは出がらしを冷凍保存しておき、ある程度量がたまってから作っても良い。

・乾燥させて使う

フライパンでから炒りするか、天日干しして乾燥させておくと好きなときに様々な用途で使える。ミルサーやすり鉢で粉末にし、ふりかけや料理、お菓子作りのときに加えたり、ガーゼに包んで入浴剤に、土に混ぜれば肥料代わりに、冷蔵庫や下駄箱・トイレに置いておくと消臭剤代わりにもなる。

じゃがいも

春

旬は6月。でんぷんが主成分で、主食にもなりビタミンCなど栄養素も多く含まれるので、「畑のりんご」と呼ばれている。
保存性も高く、一年中食べられる。家庭で保存するときにりんごと一緒にしておくと、りんごから出るエチレンガスが発芽を防いで長持ちする。

じゃがいもの床漬け

ぬか漬けのぬか床のように、じゃがいもで漬物床が作れる。じゃがいも床は一度作ればかき混ぜる必要がなく、臭いもないので何度も漬けることができる。

＊材料＊

じゃがいも…300g、砂糖…150g、塩…100g
ほかに昆布、赤唐辛子などを好みで加えても

＊作り方＊

❶じゃがいもは皮ごと茹で、やわらかくなったらそのままつぶしてペースト状にする。
❷砂糖、塩を加えて混ぜ、冷めたら密閉容器に入れる。

冷蔵庫に入れて、ぬか床のように好みの野菜を漬け込む。ひと晩漬ければ食べられる。何度もくり返し使え、最後は肉や魚を漬け込んで焼いたり調味料として料理に使えるので、無駄なく使い切れる。

いも版

版画には木彫りや消しゴムなど様々な種類があるが、昔から身近にある材料で手軽に作れるものの1つに、いも版がある。

＊材料＊
じゃがいもまたはさつまいも、彫刻刀（三角刀）またはカッター、マジック

＊作り方＊
❶いもを1～2cmの輪切りにする。

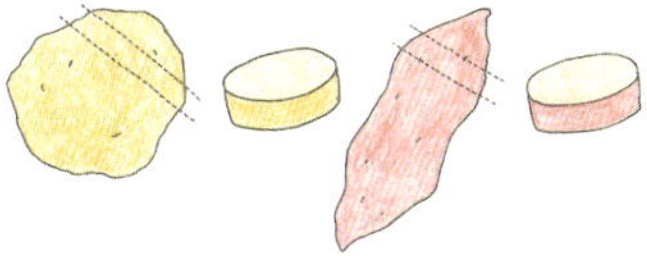

❷輪切りにした表面に、マジックで図柄を描く。
（できあがりは、左右逆になる）

＊鏡文字にするには
①クッキングペーパーなどの薄く透ける紙に、図柄を描く。
②描いた面をいもの表面に当て、上からボールペンなどでなぞっていもに跡をつける。

❸図柄を彫っていく。
（彫った断面が台形やV字形になると良い）

❹試し押しをして修正する部分は彫り直し、形を整えて完成。

料理に使った残りの部分を利用したり、芽が中まで深く入りこんでしまったものや、皮が緑色に変色してしまったじゃがいも、寒さで黒く傷んでしまったさつまいもがあれば利用して作ると良い。

じゃがいもの民間療法

〈じゃがいもの絞り汁〉
生のじゃがいもをおろした汁は、胃の痛みを抑えたり、胃の調子を整える働きがある。胸やけや胃もたれがするときには、空腹時にスプーン1、2杯を飲むと良い。芽を取り除きすりおろしてから、ふきんで絞って作る。

ビワ

春

旬は5～6月。薬用としても利用されており、江戸時代には夏バテや食中毒などの薬として「ビワ売り」がいたほど。実以外の葉や種も多くの薬効がある。

種を植える

ビワの種はとても発芽しやすく、食べた後に洗ってそのまま土にまいておくと、1ヵ月ほどで芽を出す。日当たりの良い場所で育て、土が乾いたら水やりをする。寒冷地でなければ地植えで育てられる。鉢植えの場合、寒さや湿気にはあまり強くないので、寒い時期だけ室内に入れても。

鉢が窮屈になったら、暖かい時期にもうひとまわり大きい鉢に植え替えると大きくなる。ビワは実がつくまで8～10年近くかかるが、葉も利用できるので便利。

ビワの葉茶

お茶として飲むと胃腸の調子を整え、喘息や咳を止め炎症を抑える効果がある。
摘んだビワの葉を洗い天日干しで乾燥させ、はさみで適当な大きさに切り保存する。秋～冬ごろの葉が一番適している。

ビワの実のハチミツ漬け（風邪シロップ）

ビワの実を皮と種も丸ごと包丁で半分に切り、ハチミツに漬ける。冷蔵庫に入れ1～2ヵ月ほどしてエキスが出れば、利用できる。エキスを水で薄めて少量ずつ飲む。香りや味もよく、喘息や風邪・咳に効果があるといわれる。
1年ほど保存可能。

ビワの葉・種の焼酎漬けエキス

ビワの葉や種のエキスは、打ち身や捻挫、腰痛、肩こり用の湿布薬、歯痛・口内炎やのどの痛みには口に含んだりうがいをすると効果がある。しっしんやあせも、かゆみにも効くので、化粧水やお風呂に少量入れても良い。

＊材料＊
ビワの葉…5枚程度、種…好きなだけ、焼酎…500mℓ

＊作り方＊
ビワの葉を適当な大きさに刻んで、焼酎に漬け込む。1～2ヵ月ほどして茶色い液になったら葉を取り出して利用できる。常温で何年ももつ。
種はそのまま漬け、好きなときに取り出して食べる。

ビワの種の食べ方

ビワの種は栄養成分が豊富で、体質改善や様々な病気の予防や改善効果があると言われている。生は苦みがあるが、表面に焼き色がつくまで加熱すると苦みが消え皮がはがれ、中の白い実がおいしく食べられる。ただし効果が強いので、一度にたくさん食べないように注意。

梅

春

旬は5～6月。酸味の成分は、強い殺菌作用や傷み止めの効果があり、古くから食中毒の予防に用いたり、おにぎりや弁当に入れて傷みを防ぐ役割もある。乗り物酔いや二日酔いを予防する効果も。

私の知り合いで梅の木を育てている人は、元気で長生きな人が多いので、梅には健康に役立つ力が秘められているのではないかと思っている。

種を植える

種から苗を育てるには、熟してから収穫した実をしばらく置き、実が腐りはじめたころに果肉をつぶして種を取る。

水洗いした後2～3日陰干しをして水気を切ったらビニール袋に入れる。冷蔵庫で保存した状態で夏と秋を越し、11月ごろ気温が下がったころを見計らって、種をひと晩水に浸して吸水させてからまくか、冷蔵庫で吸水させ、ゆっくり発芽させてから3月ごろ土に植える。

熟していない青梅や、梅干しなどに加工した後の種からは発芽しないので注意が必要。

こんな使い方もおすすめ

〈梅シロップ〉

青梅と砂糖1kgずつを瓶に交互に入れ、ときどきゆすって砂糖が溶ければ完成。水や湯で割って飲む。冷暗所で3ヵ月保存可能。中の実も食べられる。

青梅の利用法

・梅肉エキス

＊材料＊
青梅…1kg（できあがり約30g）

＊作り方＊
❶洗った青梅を割って種を取り除き、ミキサーが回る程度に水を加えてミキサーにかける。またはおろし金ですりおろす。
❷❶をふきんで絞る。
❸❷を鍋に入れ、アクを取りながら煮つめる。
❹緑色から黒く変わったら弱火にし、焦がさないようにかき混ぜながら煮つめていく。とろっとしたら完成。冷めると固くなるので、煮つめすぎないように。

梅肉エキスにはクエン酸が多く含まれ、殺菌・解毒作用・疲労回復などの効用がある。梅干しよりも酸が強く、ごく少量でも梅干しの何倍もの殺菌・解毒の効用がある。そのまま少量を食べるか、水などで薄めたりハチミツを加えて飲むと良い。
食あたりや下痢にも効くので、旅の常備薬におすすめ。常温で2～3年保存可能。

・カリカリ梅

大きな実でも作れるが、小梅の方が作りやすく食べやすい。

＊材料＊
青梅(小梅)…500g
塩……………50g（梅の重量の10%）
焼酎…………大さじ2
卵の殻………1個分
赤じそ………100g（好みで）

＊作り方＊
❶卵の殻は薄皮をはがしてから洗い天日干しにし、砕いてガーゼなどに包む。
❷梅を洗って水気を取り、へたを取る。
❸梅に焼酎を振りかける。（殺菌と、塩をなじみやすくするため）
❹塩を手でよくもみこむ。
❺容器に、梅とガーゼに包んだ卵の殻を入れる。赤く染めたい場合は、最後に塩もみをしてアクを抜いた赤じそを上からのせる。水が早く上がるように1日1回容器をゆすると良い。2週間ほどで水（梅酢）が上がったら完成。

冷蔵庫で1年ほど保存可能。

梅干し

＊材料＊

梅または小梅…2kg

＊青い梅は硬めの、熟した梅で作るとやわらかい梅干しができる

塩………………400g（梅の重量の20%）

焼酎……………少々

＊作り方＊

❶カリカリ梅の作り方と同様に梅を洗い、容器に塩と梅を交互につめて、梅の重さの倍の重石をして冷暗所に置く。

❷4～5日ほどして水（白梅酢）が上がったら、重石を半分の重さにする。赤い梅干しにしたい場合は、赤じそ300gを塩30gで塩もみしてアクを絞ってから、取り分けた梅酢に浸してもみほぐし、梅酢ごと梅の容器に加えておく。このまま1ヵ月ほど漬ける。

❸梅雨が明けて晴れが続く日に、梅・しそをザルに並べて干す。梅酢は容器ごと天日干しする。梅のみ、夜もそのまま屋外で夜露に当てておく。

❹ときどき裏返しながら2～3日干し、表面にしわができてやわらかくなったら完成。

梅酢・しそを少し取り分けて、梅と一緒に容器にもどし冷暗所で保存する。残りの梅酢は冷蔵庫で保存すると良い。
できた梅干しは1年以上保存できる。

POINT

梅酢の表面に白いカビが浮いたら…カビを取り、梅酢を1日天日干し（または弱火で煮沸直前まで熱して冷ます）してもどす。
梅にカビがついたら…梅を焼酎で洗い、1日天日干しをしてもどす。

梅干しの利用法

・梅びしお

＊材料＊

梅干し…500g

砂糖……150g（梅の重量の30%）

みりん…大さじ1

＊作り方＊

❶梅干しをひと晩水につけ、塩抜きをする。

❷種を取り除き、果肉をすりつぶす。

❸鍋に❷を入れて弱火にかけ、砂糖の半量を加えて煮る。

❹砂糖が溶けたら、残りの砂糖を加えて煮つめる。

❺照りが出てプツプツとしてきたら最後にみりんを入れて混ぜ、火を止めて完成。

冷蔵庫で1年以上保存可能。ご飯のおかずやおにぎりの具にしたり、料理にかけたり、ディップのように野菜につけて食べても。みそと混ぜると梅みそになる。塩気が強く食べにくい梅干しは、梅びしおにすると食べやすくなる。

・梅肉寒天

＊材料＊

梅干し…2～3個、棒寒天…1/2本、砂糖…大さじ3

＊作り方＊

❶寒天は洗って小さくちぎり、300ccほどの水を加えて火にかけ、煮溶かす。
❷砂糖を加え、溶けたら火から下ろす。
❸梅干しの種を取り除いて果肉を刻む。
❹粗熱が取れた寒天の液に果肉を加えて混ぜ、容器に移して冷やし固める。

梅酢の利用法

梅干しを作るとき、塩漬けした後に上がる水が梅酢で、梅と塩だけで上がったものが白梅酢、梅と塩に赤じそを加えて漬けた後の水が赤梅酢。調味料として漬物や料理に利用したり、民間薬として使える。冷蔵庫で1年ほど保存可能。

・梅酢を飲む

梅酢は殺菌力があり、夏バテ予防や食あたりに効果があると言われているので、水や湯で薄め、好みでハチミツを加えて飲むと良い。

・野菜を漬ける

食べやすい大きさに切った野菜（きゅうり、大根、白菜、かぶ、キャベツなど）に、梅酢を振りかけてもめば浅漬けになる。
野菜に塩少々をまぶして少し置き、水気を絞ってから梅酢にみりん・砂糖少々を混ぜたものにひと晩漬けると、漬物になる。冷蔵庫で1～2週間保存可能。

・梅酢ご飯

ご飯を炊くときに梅酢を加える（米1合に対して大さじ1）と、梅の風味のご飯になる。すし飯を作るとき、合わせ酢に少し加えても。赤梅酢を使うと、ほんのりときれいな色になる。

・風邪予防に

水で10倍ほどに薄めてうがいをしたり、薄めた水で手洗いをすると、殺菌効果が期待できる。

らっきょう

春

旬は6～7月。江戸時代までは薬用として使われていた野菜で、においの成分は疲労回復や風邪の予防、胃もたれの解消、口内炎を治す効果もあるという。
わが家はこの季節にまとめて漬物にして一年中食べている。

らっきょうの甘酢漬け

（写真左）

甘酢漬けには、塩漬けしてから漬ける方法と直接酢漬けする方法がある。直接漬けると手間が省け、カリカリとした歯ごたえのよい漬物になる。

＊材料＊

らっきょう…1kg、酢…3カップ、砂糖…1カップ、塩…大さじ1～2、赤唐辛子…2～3本

＊作り方＊

1. らっきょうは泥を洗い落として両端を切り、薄皮をむいておく。
2. 鍋に調味料を入れてひと煮立ちさせ、砂糖が溶けたら火を止めて冷ましておく。
3. 水気を切ったらっきょうと赤唐辛子を瓶に入れて、調味料を注いでふたをし、冷暗所に置いておく。

2～3週間するとおいしく食べられる。常温で1年ほど保存可能。

こんな使い方もおすすめ

〈うがい〉
口内炎には、らっきょうをすりおろした汁を水で5倍に薄めてうがいをすると良い。

〈飲む〉
腹痛には、天日干しをして乾燥させてかららっきょうを煮出して飲む。

〈塗る〉
水虫や軽いやけどには、生のらっきょうをすりおろして塗る。

らっきょうの塩酢漬け

（写真下）

＊材料＊

らっきょう…1kg、水（呼び水）…2～3カップ、塩…60g、酢…1/2カップ

＊作り方＊

❶（甘酢漬けの作り方❶と同様に）らっきょうの下準備をする。
❷容器に水気を切ったらっきょうを入れ、塩・水・酢を混ぜたものを注ぐ。
❸押しぶたと重石をしておく。

1週間ほど漬ければ食べられる。酢を加えることでらっきょうが白く仕上がる。そのまま食べてもおいしいが、これを下漬けにして甘酢やしょうゆ、梅酢などの調味料に漬けることもできる。

らっきょうのしょうゆ漬け

（写真左上）

＊材料＊

らっきょう…500g、しょうゆ…1/2カップ、酢…1/2カップ、みりん…1/4カップ、砂糖…小さじ1、昆布…少々、赤唐辛子…1本

＊作り方＊

甘酢漬けの作り方と同様。

らっきょうの梅酢漬け

（写真右上）

＊材料＊

らっきょう…500g、梅酢…らっきょうが浸るほどの量、みりん…1/2カップ、砂糖…小さじ1

＊作り方＊

甘酢漬けの作り方と同様。
どちらも1週間くらい漬けるとおいしく食べられる。冷蔵庫で1年ほど保存可能。
残った漬け汁は、ほかの素材を漬けたり、料理に活用できる。サラダや茹で野菜、酢の物などにも。

山椒

春

旬は5～6月。香辛料として利用されており、胃の調子を整え、食欲増進や食べ物の生臭さなどを消す作用がある。虫さされに生の葉をもんでつけると腫れが引く効果がある。春～秋にかけて新芽や花、葉、実まで利用でき、あまり大きくならないので庭植えや鉢植えで育てられる。

育て方

山椒は落葉低木で、苗木を購入するか種をまいて育てる。種の場合は、9月ごろに赤くなった果実から種を取る。そのまますぐ土にまくか、湿らせたガーゼなどに包んで冷蔵庫で保存しておき3～4月ごろにまく。芽が出るまでは日当たりの良い場所、その後は半日陰の湿り気のある場所が育てやすい。土が乾いたら水やりをする。

苗を植える場合は、3～4月、または10～11月ごろが最適。

葉は春～秋にかけて、6月ごろに青い実、9月ごろに赤く熟した実を利用する。山椒には雌株と雄株があり、実をつけるには両方の株を一緒に育てる必要がある。葉だけでもいろいろ利用できるので、1株あると便利。

こんな使い方もおすすめ

〈しょうゆ・みりん漬け〉

アク抜き（佃煮の作り方参照）した実や葉を瓶につめ、しょうゆまたはみりんを注いで漬ける。実は随時必要な量を取り出して使い、漬け汁も料理に利用できる。冷暗所で1年ほど保存可能。

実山椒の佃煮

＊材料＊

実山椒…100g、みりん…1/2カップ
砂糖…大さじ2、しょうゆ…適量

＊作り方＊

❶実山椒は塩ひとつまみを入れた熱湯で1〜2分ゆがき、冷水に1時間ほど浸しておく。

❷鍋に実山椒と水1カップ・みりん・砂糖を加えて弱火でじっくりと煮ていく。（山椒が硬いようなら、さらに水を加えて煮る）

❸汁が半分くらいになったら味を見ながら少しずつしょうゆを加え、汁気がなくなるまで煮つめて完成。

冷蔵庫で3週間ほど保存可能。

粉山椒

山椒の実（青・赤どちらでも）を風通しのよい場所で陰干しする。（天日干しをすると香りの成分が飛んでしまい、色も茶色くなるので注意）赤い実は中から黒い種が出てくるので、種は取り除く。

完全に乾いたら、瓶などに入れて保存する。使うときに必要な量を取り出し、すり鉢やミルサーで粉末にして利用する。粉で保存すると香りが飛びやすいので、実のまま保存すると良い。

ちりめん山椒

実を利用するのが一般的だが、自分で育てている場合は葉でも作れる。

＊材料＊

ちりめんじゃこ……50g
山椒の葉……ひとつかみ
しょうゆ……大さじ1
酒・みりん……大さじ2
砂糖……大さじ1/2

＊作り方＊

❶ちりめんじゃこに熱湯をかけ、水気を切る。山椒も熱湯でさっとゆがいておく。

❷鍋に調味料を入れて煮立たせ、❶を加え弱火で汁気がなくなるまで煮つめる。

冷蔵庫で2週間ほど保存可能。

どくだみ

春

旬は6～7月。独特な香りとたくましい繁殖力を敬遠する人もいるが、多くの薬効があるため十薬《じゅうやく》とも呼ばれ、古くから重宝されてきた。毒消しや毒出しの働きが強く、体に不要なものを出す作用があるため、様々な病気に効果があると言われている。

育て方

どくだみは、一度根づくと何度抜いても根絶できなくなるほど強い植物。見つけたら、根っこを数cmつけたところで切り、掘り上げて植えておく。また、10cm程度茎を摘んで水に挿すだけでも（水は毎日替える）、根が生えてきて植えつけられる。5～7月ごろに植えつける。

土質を選ばず暑さや寒さにも強く、半日陰のような場所を好む。土が乾いたら水やりをする程度で良い。

プランターや発泡スチロールなどの容器や鉢植えで育てれば、増えすぎず安心。

どくだみの民間療法

〈どくだみ風呂〉

天日干しをして乾燥させた葉を布で包み浴槽に入れると、あせもやしっしん、冷え性などに効果がある。

〈塗る〉

靴ずれやおむつかぶれ、あせもやしっしん・ニキビには、生の葉の絞り汁をつけると良い。

〈貼る〉

化膿や切り傷には、生の葉をやわらかくなるまでもんで貼ると良い。また、慢性鼻炎には、もんだ葉を鼻につめておくと効果がある。

どくだみ茶

どくだみはお茶にするとおいしく、長期保存が可能。花が咲く5～7月の旬の時期に地上部を刈り取って、洗ってから天日干しをして乾かす。その後、フライパンを熱し弱火でから炒りしてパリパリに乾燥させてから、手で細かくして缶などに入れて保存する。翌年までおいしく飲める。
茶葉を水に入れて煮出して飲む。ほかの茶葉とブレンドしても。

どくだみの焼酎漬けエキス

どくだみの葉の汁は、虫さされや腫れ、化膿などの皮膚病全般に効果がある。焼酎に漬け込んでエキスを抽出することで保存でき、常時利用可能となる。

＊材料＊
どくだみの葉（生）…20g
焼酎………………300mℓ

＊作り方＊
どくだみの葉を洗ってから乾かし、焼酎に漬け込む。1ヵ月ほどすれば葉を取りのぞき使用する。（葉は、天日干しして入浴剤や消臭剤としても利用できる）
常温で1年以上保存可能。

にんにく

春

旬は6～7月。古くから食用や薬用として利用されてきた野菜で、疲労回復やスタミナ増強の効果がよく知られている。薬効が強く、食べすぎると体に害になるので注意が必要。（生なら1日1片ほど、加熱したものは2～3片程度までにする）

にんにくのしょうゆ・みそ漬け

にんにくは1片ずつに分けて薄皮をはがしてから容器に入れ、しょうゆまたはみそに漬ける。
1週間ほどすれば味が染み、おいしく食べられる。にんにくは刻んで料理に加え、漬け汁は料理の調味料に使う。途中でにんにくを漬け足していくこともできる。
冷蔵庫で1年ほど保存可能。そのまま食べる場合は、2～3分蒸してから漬けると食べやすくなる。この場合は、冷蔵庫で3ヵ月ほど保存できる。

ナムルの素

ナムルの素を作っておくと、茹でた野菜や炒めた野菜と和えるだけでナムルができる。

＊材料＊

にんにく	3片
ゴマ（金または白）	大さじ5
砂糖	大さじ1
塩	小さじ2
ゴマ油	大さじ5

＊作り方＊

1. にんにくはすりおろし、ゴマはすり鉢でするかミルサーにかける。
2. すべての材料を合わせて、瓶などに入れる。

冷蔵庫で1ヵ月ほど保存できる。茹でたにんじん、ほうれん草、もやし、キャベツ、いんげんなどに合う。野菜は単品ずつ和えると、風味が引き立つ。

にんにくの民間療法

〈飲む〉
風邪や風邪の予防には、すりおろした汁（10滴ほど）を飲むと良い。

〈お灸〉
生のにんにくを薄切りにして、こりの部分に乗せお灸をすると効果が高くなる。

玉ねぎ

旬は6～7月。刺激成分があり目にしみることがあるが、血液をサラサラにする効果や気持ちを静める働きがある。

春

玉ねぎの皮の利用法

玉ねぎの皮の色素成分には抗菌作用があり、活性酸素を減らす働きがあると言われている。この成分は熱でも壊れにくいので、煮出したり、粉末にして利用できる。

・玉ねぎの皮茶／粉末
料理の際にむいた皮を取っておき、（すぐに使わないときは乾かしてから保存しておく）煮出すと赤茶色のお茶になる。香りやクセも少ないので、ほかの茶葉と混ぜたり、みそ汁を作るときにダシと一緒に煮出して飲むと、皮に含まれる栄養成分も摂れる。
皮を天日干しして乾燥させてから、すり鉢やミキサーなどで粉末にすれば皮ごと利用でき、ごみが出ない。お湯を注いでお茶にしたり、他の材料と合わせてふりかけにしたり、みそ汁や料理に加えるなどして活用できる。

・草木染め
本書コラムP67参照

コラム①

生ごみを捨てずに利用しよう

家庭から出る、可燃ごみの半量を占める生ごみ。少し手を加えることで、資源として有効利用できます。生ごみを家庭で処理する方法はいろいろありますが、多くは微生物の働き（発酵）を利用して、生ごみを分解し、最終的に植物の吸収しやすい堆肥にします。これは、みそやぬか漬けなどの発酵食品を作る原理と同じです。生ごみを分解して、最終的に堆肥にする方法をご紹介します。

材料：発泡スチロール箱（ふたつきのもの、30×50×20㎝ほどの大きさ）
竹の粉末
スコップ
箱にかぶせる布（古くなったTシャツなど）
ゴムひも

方法：

①箱の半分程度まで竹の粉末を入れ、米のとぎ汁か水をコップ1杯程度入れて湿らせる。
②生ごみを入れて、スコップで箱の隅や底まで全体にまんべんなくかき混ぜる。
③虫が入らないように布をかぶせてゴムひもで留め、雨の入らない場所に置く。

＊生ごみは、1日に三角コーナー 1杯分（約500g）まで入れられる。
＊ぬか床と同じように、1日1回かき混ぜる。
＊3ヵ月～半年を目安に生ごみを入れることをやめ、熟成させて堆肥にする。週に1回ほどかき混ぜ、1ヵ月ほどで生ごみの形がなくなれば、植物の土に混ぜて使える。
＊野菜くずや残飯、魚の骨など、基本的に生ごみなら何でもOK。細かくした方が早く分解できる。

夏…気温が上がるとよく発酵して分解も早く進むが、ハエなどの虫が侵入しないように注意。布のカバーをしっかりとつけ、生ごみは新鮮なうちに入れる。発酵の熱で中の温度が60℃あたりまで上がっていれば、虫や虫の卵がついても死滅する。

冬…気温が下がると、微生物の活動はにぶくなる。日中は日の当たる場所に置き、夜はふたをして保温すると良い。

発酵が弱く温度が上がらないときは、微生物のエサである米ぬかや冷めた食用廃油を少し入れる。

微生物を元気にする条件
・空気（酸素）
・適度な水分
・温度（30℃以上になると活発になる）
・栄養（生ごみや米ぬかなどのエサ）

わが家は、2つの箱を交互にくり返し使っています。慣れるまでは無理にすべて入れようとせず、様子を見ながら少しずつ増やしいくと良いかもしれません。それぞれの家庭によって、環境も生ごみの量や種類も違うので、自分に合ったやり方を見つけてください。

左：はじめる前。
右：4ヵ月経過したもの。

竹粉末の購入先
「竹パウダー」1袋　525円
(株)林田産業グリーンリサイクル
福岡県福津市舎利蔵274
TEL/FAX0940-35-8865
メールアドレス
greenrecycle@sojinin.co.jp

コラム②

土のリサイクル（再生）法

アパートで暮らしていた独身時代、ベランダで植物を育てていました。植物を栽培し終えた後、残った土も畑の土のようにくり返し使うことができないかと思い、いろいろ試してみたところ、少し手を加えれば再利用できることが分かりました。
ぜひ、プランターや鉢植えの土も捨てずにくり返し使ってみてください。

〈腐葉土の作り方〉

材料：落ち葉（枯れ草や雑草を入れても）
　　　土
　　　米ぬか（土の量の10%）
　　　容器（発泡スチロール箱、麻袋や米袋、ポリ袋など）

①容器の底に土を5cm程度敷く。
②落ち葉を上からしっかりと押さえながら、米ぬかと交互に入れていく。
③入れすぎないように注意しながら、じょうろで全体が湿る程度に水を加える。
④容器は密封せず袋は口を軽く縛る程度に、発泡スチロール箱は上から布やシートをかぶせて、日の当たる暖かい場所に置いておく。
⑤1ヵ月に1回、スコップで中まで空気が入るようにかき混ぜる。乾いていたら、水を少し足す。
⑥3ヵ月～半年ほどで黒褐色に変わり、触るとしっとりしてわずかに良い香りがすれば完成。

落ち葉は、公園や街路樹のまわりなどでも見かけます。管理している人に断り、そうじをかねて落ち葉集めをすれば、喜ばれて腐葉土の材料にもなるので、ぜひ挑戦してみてください。

〈土のリサイクル法〉

材料：植物を栽培した後の土
　　　米ぬか（土の量の10%）
　　　ポリ袋
　　　スコップ
　　　腐葉土（土の量の30%程度）

①土の中に残っている茎や根などを取り除き、細かくしてから再び土に混ぜ込む。
②袋の中に土、米ぬかと水を加え、混ぜ合わせる。
③口を縛ったポリ袋を平らにして、日のよく当たる場所に置く。
④1ヵ月ほどすると発酵がおさまる。袋から取り出し、腐葉土を混ぜて完成。

すぐに使わなければ、袋に入れたまま日陰の涼しい場所で保存する。使用する際は必要な肥料を加える。

夏

私はエアコンが苦手で、使わない生活を続けています。暑いときは、窓を開けて風を通し、植物で緑のカーテンを作り日差しをさえぎるなどの工夫をして暮らしています。

夏の時期は、きゅうりやトマト、ナス、ゴーヤやすいかなどの夏野菜を生でたっぷり食べると、体の中から熱を下げてくれます。

暑いとどうしても冷たい飲みものがほしくなりますが、胃腸を冷やすと働きがにぶくなり、食欲が落ち夏バテにもなりやすい気がします。私は、できるだけ常温で飲むようにしています。

冷え性の方は夏の間も、保存しておいたしょうがやねぎ、にんにく、唐辛子など体を温める働きのある食材を意識して摂り、バランスを取ると良いと思います。

植物の水やりのとき、わが家は雨水タンクで貯めた雨水やお風呂の残り湯を使います。タンクは小さなスペースでも設置できるので、水やりやそうじに利用できて便利です。

しそ

夏

旬は7～9月。ほかの野菜に比べてビタミン、カルシウム、鉄分などの栄養成分が多く、放っておいても勝手に育つのでおすすめの野菜。アレルギーや花粉症の軽減、貧血予防や精神安定の効果がある。
わが家も、もともと2～3株だったものが毎年増えて、今は使い切れないほどになっている。

育て方

種をまく場合は4月ごろ、苗の場合は5～6月ごろに植える。プランターでも育てられる。
プランターの場合は土が乾いたら水やりをしたり、苗に元気がなくなってきたら肥料を少量与えると、長期間収穫できる。6～9月ごろまで葉の収穫が可能。
大きくなった葉から摘んでいくと、わき芽が伸びて新しい葉がつき、株が大きくなる。何もしなくても種は自然に落ちるので、翌年植えた場所の近くに新しい芽がいくつも出てくる。

こんな使い方もおすすめ

〈干ししそ〉
葉（赤・青どちらでも）を日陰干しして乾燥させたものはハーブティーにして飲んだり、粉末にしてふりかけとして食べられる。

〈しそご飯〉
炊いたご飯に、細かくした梅干しの果肉と千切りにした青じそ・白ゴマを混ぜる。

しそジュース（赤・青）

＊材料＊

赤じそまたは青じそ…200g、水…1ℓ、レモン…1個（ほかのかんきつ系でも）、砂糖…200g

＊作り方＊

❶鍋にしそと水を入れ、10分ほど煮出す。
❷火を止めてしそを取り出し、砂糖を入れて混ぜ溶かす。
❸冷めてから、レモンの果汁を搾って入れれば完成。

瓶などに入れて、冷蔵庫で2ヵ月ほど保存可能。
水や炭酸で割って飲む。レモン汁は、クエン酸や酢でも代用できる。
出がらしの葉は、刻んで佃煮にすると良い。

左が赤じそ、右が青じそ

青じそペースト

＊材料＊

青じそ…50枚(50g)、オリーブオイル（菜種油、ゴマ油でも）…大さじ5、落花生（またはくるみなどのナッツ）…10粒ほど　にんにく…1片、塩…小さじ1/2

＊作り方＊

材料をすべて合わせてミルサーやすり鉢で混ぜ合わせる。容器に入れ、冷蔵庫で保存する。表面に薄く油を注いでおくと、空気に触れずに色や香りを保つことができる。色が変わってしまっても、おいしく食べられる。

冷蔵庫で1ヵ月ほど保存可能。
バジルでも同じ方法で作れる。料理本などでは松の実で作るレシピがほとんどだが、手軽に買える落花生やクルミでも作ることができる。（パスタと和えるほか、蒸したじゃがいも、パンやクラッカーなどにつけて食べてもおいしい）

左から青じそのしょうゆ漬け、みそ漬け、白梅酢漬け

右ページ：左2つが赤じその赤梅酢漬け、右の2つがしょうゆ漬け

しその梅酢・しょうゆ・みそ漬け

しそは赤・青どちらでも良い。しそには強い防腐作用や殺菌効果があるので、おにぎりに巻いたり刻んでほかの料理に使っても。胃を守る働きがあり、暑い時期の食中毒予防にもなる。

＊材料＊

しそ…適量

梅酢・しょうゆ・みそ・みりん…しそがひたひたになる量

＊作り方＊

❶しその葉は洗って水気を切り、10枚ずつ輪ゴムで束ねる。

❷（梅酢・しょうゆの場合）容器にしそを入れ、梅酢またはしょうゆをひたひたに注ぐ。（みその場合）みそにみりんを加えて練ってから、しそに塗り重ねていく。

翌日から利用できる。だんだん色が褪せてくるが、冷蔵庫で半年ほど保存可能。

きゅうり

夏

旬は7～8月。90%以上が水分でできていて、暑い時期の水分補給や体の熱を冷ますのに最適の野菜。
わが家では家庭菜園で採ったきゅうりを、夏の間子どものおやつに利用している。

育て方

発芽から収穫までは2～3ヵ月と、比較的短期間で収穫できる。夏野菜の定番だが、18～25℃の涼しい気候を好み、水分も多く必要とする。
種をまいて育てる場合は4～5月ごろにまく。5月の連休ごろに出回る苗を購入しても。伸びてきたつるを支柱やネットに誘導してひもで留めて育てる。
緑のカーテンにすることもできる。日当たりの良い場所で育てるが、根が広く浅くはるので植えつけたら地表の乾燥を防ぐため株のまわりに刈った雑草などを敷くと良い。鉢植えの場合は、土が乾かないように毎日水やりをする。
高温に弱く、乾燥するとうどんこ病が発生しやすいので、病気に強い品種を選ぶか、葉に白い粉がつきはじめたら早めにその葉を取り除くようにする。ウリハムシやアブラムシがつくと水分を吸われてしまうので、見つけたら早めに取り除く。

こんな使い方もおすすめ

〈きゅうり水〉
きゅうりをすりおろして布でこした液体は、化粧水として利用できる。日焼けや肌のほてりを落ち着かせる作用がある。

〈干しきゅうり〉
炎症やむくみには、薄く輪切りにして天日干ししたきゅうりを煮出して飲むと良い。

ピクルス

きゅうりや好みの野菜を食べやすい大きさに切って、酢漬けにする。酢に漬けることで傷みにくくなり、疲労回復や夏バテ予防にもなるので、夏にぴったりの漬物。

＊材料＊
好みの野菜（単品でも数種類を合わせても）…適量、水…1カップ、酢…1/2カップ、にんにく…1片、塩…小さじ2、砂糖…大さじ2

＊作り方＊
❶調味料を鍋でひと煮立ちさせ、砂糖が溶けたら火を止めて冷ます。
❷野菜は食べやすい大きさに切り、瓶などにつめる。
❸上から漬け汁を注ぎ、冷蔵庫に入れる。（漬け汁は何度かくり返し漬けられる）

翌日から食べられる。冷蔵庫で1ヵ月ほど保存可能。
わが家では、きゅうり、大根、にんじん、かぶ、オクラ、玉ねぎ、ピーマン、パプリカなどをよく漬けている。生で食べにくい野菜は、さっと湯通し後に漬ける。
ハーブや山椒などを加えると風味が良くなる。

福神漬

材料を7種類使うので、七福神になぞらえて名付けられた漬物だが、数にはこだわらず、余った野菜を合わせて作ると良い。

＊材料＊
大根・きゅうり・にんじん・なす・レンコンなどの野菜…500g、塩…少々
下漬け…しょうゆ1/2カップ、みりん1/3カップ
本漬け…しょうゆ・みりん…各1/2カップ、砂糖…大さじ1

＊作り方＊
❶野菜を薄くいちょう切りか半月切りにする。（レンコンは、切ってから酢を少々入れた熱湯でさっと茹でて水にさらす）塩少々を振り、軽く重石をして1時間ほど置く。
❷野菜の水気をよく切ってから、下漬け用の調味料を合わせて注ぎ、1～2日下漬けをする。漬け汁が少なくなってきたら、箸でかき混ぜ絡ませる。
❸鍋に本漬け用の調味料を合わせて入れ、ひと煮立ちさせ、砂糖が溶けたら火を止めて冷ます。（下漬けの汁は煮物などの料理に使える）
❹下漬けの野菜を取り出して絞り、瓶などに入れて本漬け用漬け汁を注ぐ。冷蔵庫に入れ、翌日から食べられる。

2週間ほど保存可能。干した野菜や、塩漬けした野菜を使って作ることもできる。

夏

ハーブ類

ハーブは、昔から香草や薬草として生活の中で親しまれてきた植物。丈夫で育てやすいものが多いので、初めて家庭菜園をする人にも向いている。
わが家で育てて利用しているものの中から、おすすめのものをいくつかご紹介。

ハーブの利用法

・ドライハーブ

生の葉がない時期に重宝する。風通しの良い日陰（長時間天日干しすると香りが飛ぶので注意）で干して乾燥させる。しっかりと乾燥させて密封容器に入れれば、冷暗所で1年ほど保存できる。

・酢漬け、オイル漬け

酢や油に漬けて、香りや風味を移す方法。生の葉を洗い、水分をよくふき取ってから容器に入れ、酢または油を注ぐ。（乾燥させた葉でも作れる）冷暗所でオイルは1～2ヵ月、酢は1年ほど保存可能。酢や油は、普段料理に使うものでOK。オイル漬けは少量ずつ作って使い切ると良い。
生の葉が残ってしまったときなどに、作っておくと便利。

カモミール

4～7月ごろに、りんごのような甘い香りの花を咲かせるハーブ。ジャーマンカモミールは花をたくさん咲かせ1年で枯れるが、こぼれ種から翌年も育つ。春か秋に若い茎を10㎝ほど切り取って水につけておくと、1週間ほどで切り口から根が生えてくるので増やせる。ローマンカモミールは、花だけでなく茎や葉からも香りがし、地上部が枯れても地下の根や茎が生き続け毎年楽しめる。春か秋に株を掘り起こし、切り分けて植え直すと増やすことができる。
種をまく場合は3～4月または9～10月ごろ、市販の苗を植える場合は4月か10月ごろ。春に植えたものは6～7月に、秋に植えたものは4～5月に花が咲く。

効用と利用法

体を温めたりリラックスさせる効果があり、風邪の初期や眠れないときにハーブティーとして飲むと良い。化粧水や入浴剤にしても。

パセリ

旬は3～6月。鉄やカルシウム、ビタミンなどが多く含まれ、栄養の宝庫と言われる。育てやすく収穫期間も長い上、少量ずつ使うことが多いので、家庭で育てると便利。
種まきの時期を分けて育てれば、一年中収穫できる。3～5月ごろにまき、夏～翌春まで収穫できる春まきと、9～10月ごろにまいて翌春～秋ごろまで収穫できる秋まきがある。
種は光を好むので土は薄くかける程度にして、乾燥しないよう適度に水やりをする。外側の葉から収穫すれば、脇から新しい葉が出てきて何度も収穫可能。
寒さに強く気温が氷点下になっても枯れないが、暑くなると生育が悪くなるので、夏は日陰に移動したり、寒冷紗（本書P82参照）をかけて、強い日差しを防ぐと良い。

効用と利用法

貧血予防や消化を助ける効果があり、刻んでご飯に混ぜたり、ハーブティーやサラダ・料理に。煮出した汁はダシになる。

ミント

清涼感のあるさわやかな香りのミントは丈夫で、乾燥さえ気をつければ日なたでも日陰でもよく育ち、成長も早く地下の茎を伸ばしてどんどん増える。一度植えると何年も生き続け、毎年楽しめる。種をまく場合は春か秋に、市販の苗を植える場合は真夏と真冬以外に行う。
春か秋に若い茎を10cmほど切り取って水につけるか、株を掘り起こし切り分けて植え直し、増やすこともできる。葉や茎、花も利用できる。

効用と利用法

口臭予防や気分をリフレッシュさせる効果がある。生の葉を噛んだり、ハーブティーや入浴剤、飲みものやデザート・料理に添えて香りを楽しめる。また化粧水（本書P124）や、たくさん増えれば茎ごと刈り取って草木染め（本書P67）にも活用できる。

バジル

パスタやピザなどイタリア料理でおなじみのハーブ。春～秋にかけて生葉を利用できる。4～6月ごろ種か苗を植えつける。日当たりの良い場所で、土を乾燥させないように育てる。20cmほどに成長したら、先端を5cmほど摘むと横にも枝が伸びて大きく育つ。摘んだ先端や6～9月ごろの若葉を10cmほど切り取って、水につけておけば増やせる。寒さに弱いので、冬は室内の暖かい場所におけば春まで育てられる。乾燥させると香りが落ちるので、生で利用するか冷凍保存する。

効用と利用法

消化の促進や殺菌効果があり、生の葉をそのまま、または刻んでサラダやスープ、料理の風味づけに利用する。トマトと相性が良いのが特徴。バジルペースト（作り方は本書P41青じそペースト参照）にしても。

レモンバーム

レモンの香りがするハーブで、場所を選ばず（日当たりの良いところよりも、半日陰の方が香りが強くなる）暑さ寒さにも強くよく育つ。4～5月、9～10月ごろに種か苗を植える。増やし方はミントと同様。秋に鉢の中に植えておけば、冬の間室内で育てられ、一年中収穫できる。

効用と利用法

頭痛や歯痛をやわらげたり、気分を落ち着かせる効果があると言われている。ハーブティーやサラダ、料理に利用できる。また、レモンの代用にもなるので紅茶などに浮かべてもおいしい。

ローズマリー

草ではなく木に分類されるハーブで、一度植えれば毎年一年中利用できる。暑さ寒さ、乾燥にも強く屋外で冬を越せる。種からでは発芽まで時間がかかるので、最初は苗からの方が育てやすい。日当たりの良いところで、水やりは控えめにして育てると良い。春か秋に苗を植える。また、春か秋に枝を10cmほど切り取って切り口を数時間水につけた後、土に挿して土が乾かないように適度に水やりをしてあげれば、1ヵ月ほどで根づいて増える。

効用と利用法

老化防止、若返りのハーブと言われ、脳や心臓の働きを高める効果があると言われる。血行を良くし記憶力を高める働きも。香りが強いので、使いすぎないように注意する。

セージ

とても丈夫で、日当たりを良くしやや乾燥気味にするとよく育つ。葉は一年中利用でき、一度植えれば3～4年育てられる。4～5月か9～10月に種か苗を植える。暑さ寒さ、乾燥に強く防虫効果もある。増やし方はローズマリーと同様。

効用と利用法

古くから万病に効く薬草と言われ、殺菌、消毒作用や、消化を助けたり疲れや痛みを取るなど、多くの薬効がある。肉の臭み消しや料理の香りづけにも。葉は乾燥すると風味がより強くなるので、使いすぎないように気をつける。

タイム

一度植えれば何年も育てられ、一年中利用できる。3～6月、9～10月に種をまくか、苗は真夏か真冬以外に植える。日当たりのよい場所で、水やりは控えめにして育てる。暑さ寒さに強く、屋外で冬が越せる。春か秋に若い枝よりも固くなった枝をローズマリーと同様にして増やせる。葉や花も食べられる。

効用と利用法

殺菌、防腐効果があり、肉の臭み消しや料理にコクや風味を加える働きがある。長時間加熱しても香りが消えないので、スープや煮込み料理に入れても。のどの痛みや咳、口臭予防にハーブティーにすると良い。
生でも乾燥しても香りが強いので、使いすぎないように注意。乾燥させ小さな束にして押し入れに入れると、防虫効果がある。

とうもろこし

夏

旬は7～8月。小麦や米とともに世界三大穀物と言われ、世界中で食べられている。収穫後の鮮度の落ちが早く、甘みもどんどん失われるので、なるべく早く食べきる。
わが家の子どもも大好きで、蒸したものをよくおやつにしている。

とうもろこしの皮・ひげの利用法

皮やひげは天日干しをして乾燥させ、煮出すとお茶にして飲める。ひげは漢方薬として利用されており、クセもなく香ばしくほんのり甘みがある。ほかの茶葉とブレンドして飲んでもおいしい。
皮でぞうりなどを編むこともできる。（本書コラムP122参照）

とうもろこしの芯の利用法

とうもろこしの芯からはおいしいダシが取れる。わが家はご飯やみそ汁、スープにして利用している。すぐに使わない分は、干しておけば保存できる。

・とうもろこしのスープ

＊材料＊
とうもろこし…1/2本
塩・こしょう…少々（好みでしょうゆを加えても）

＊作り方＊
❶とうもろこしの粒を包丁でそぎ取り、鍋に粒と芯、水を入れて煮る。
❷芯を取り出して調味料で味付けをして完成。

ほかの野菜を入れて、野菜スープにしてもおいしい。

・とうもろこしご飯（写真）

＊材料＊
とうもろこし…1/2本、米…2合、塩…少々

＊作り方＊
❶米を研ぎ、水に浸しておく。
❷とうもろこしの粒を包丁でそぎ取り、粒と芯、塩少々を加えて炊く。芯を取り出して、混ぜて食べる。

トマト

夏

旬は7～8月。赤い色素成分は抗酸化力が強く、体内の活性酸素を減らす働きがあり、生活習慣病の予防や美容にも良いと言われている。
今はハウス栽培などで一年中食べられるが、夏に採れるものが一番栄養をたっぷりと含んでいる。

育て方

鉢植えでも育てやすく、家庭菜園でもお馴染みの野菜。ミニトマトも育て方はほどんど同じだが、ミニトマトの方が病気に強くたくさん収穫できるので初心者向き。
種をまく場合は3～4月ごろ、透明なビニールなどをかけて保温しながら日当たりの良い場所で発芽させて育てる。5月の連休ごろに出回る苗を購入しても。
水の与えすぎに注意して、やや乾燥気味に育てる。雨に当たると実が割れたり、病気になりやすくなるので、鉢植えの場合は屋根のある場所に移すと良い。実がつくと重くなり、茎が曲がったり折れることがあるので、支柱を立ててひもで結び固定する。
鉢植えの場合は、1鉢に1株ずつ育てる。実がついてから2～3週間に1回ほど肥料を与えると、長く収穫できる。

トマトソース

＊材料＊

トマト…500g、玉ねぎ…1/2個、にんにく…1片
オリーブオイル（または菜種油）…少々、塩…小さじ1/2、こしょう…少々、あればバジルの葉4～5枚

＊作り方＊

❶玉ねぎとにんにくをみじん切りにする。
❷トマトはへたを取り、ミキサーにかけて細かくする。
❸鍋にオリーブオイルを入れて熱し、にんにく、玉ねぎを炒める。
❹玉ねぎが透き通ってきたら、トマト、調味料（バジルを入れる場合は細かく刻んで）を入れて、とろりとしてきたら弱火で煮つめていく。
❺火から下ろして、冷めたら瓶などに入れる。
冷蔵庫で2週間ほど保存可能。加熱殺菌を行えば（本書P4参照）常温で1年ほど保存できる。

トマトケチャップ

＊材料＊

トマト…1kg、玉ねぎ…1個、砂糖…大さじ2、塩…大さじ1、酢…50cc、こしょう…少々

＊作り方＊

❶トマトはへたを取り、玉ねぎは適当な大きさに切って、合わせてミキサーにかける。
❷❶を鍋に入れて煮込む。
❸2/3ほどの量になったら、砂糖、塩、こしょうを加えて弱火でとろりとするまで煮つめていく。
❹酢を加えてひと煮立ちさせたら火を止め、冷まして瓶などに入れる。
冷蔵庫で3週間ほど保存可能。加熱殺菌を行えば、常温で1年保存できる。

かぼちゃ

夏

旬は7～8月。緑黄色野菜の代表で、色素成分のBカロテンやビタミンが豊富。
日本では冬至に食べる習慣があるが、これは風邪の予防に効果があることや、冬まで貯蔵できるという理由から。

かぼちゃペースト

＊作り方＊

丸ごと適当な大きさに切って蒸し、熱いうちにマッシャーなどでつぶすかミキサーでペーストにする。容器に入れて冷めたら冷蔵庫で保存する。
2～3日で使い切るか、袋に入れて冷凍保存しても良い。
あんことして利用したり、寒天で固めてようかんにしても。

かぼちゃの種の利用法

かぼちゃの種にもカリウムやカルシウムなどの成分が含まれており、中国では料理やお茶うけ、菓子の材料などに使われる。種を食べる品種もあるが、普段食べた後に出る種も利用可能。

・種から育てる

かぼちゃの種はよく発芽をして、土に埋めたり、生ごみの堆肥の中からもいつの間にか芽を出すほど。

調理の際に取り置いた種をよく洗い、そのまま土に埋めるか天日干しして乾かして保存しておき、3～5月ごろにまく。芽を出すと放っておいてもどんどん伸びて広がっていく。庭や鉢植えなら、支柱や園芸ネットに絡ませて緑のカーテンのように日除けがわりにすることも可能。

・かぼちゃの種茶

〈種から育てる〉の方法で保存した種ひとつかみをフライパンでから炒りし、煮出すと香ばしくておいしいお茶になる。

・種を食べる

乾燥させた種の端をキッチンばさみで切り、殻を取り除くと、緑色の皮に包まれた中身が食べられる。生のままよりもフライパンでから炒りすると、苦みがやわらいで食べやすくなる。好みで塩を振って食べても。

ゴーヤ

旬は7～9月。もともと沖縄や鹿児島の地方野菜だったが、育てやすさや味、栄養成分などが注目され全国で知られるようになった。
ゴーヤに含まれるビタミンCは加熱しても壊れない。苦みの成分は食欲増進や血糖値・血圧を下げる働きもある。
わが家は、葉を緑のカーテン（本書コラムP68参照）に、実を夏バテ予防に食べ、夏を乗り切るために大活躍している。

夏

育て方

直射日光が大好きで、きゅうりなどほかのつる植物に比べて葉もよく茂るので、フェンスやネットに這わせて日除け代わりによく利用されている。
種をまく場合は4月ごろ。苗を植えつける場合は5月ごろ。7～9月に実が収穫できる。種を取る場合は、実が黄色く熟してから（ワタが赤くなってから）採取して乾燥させ、保存する。種は固く吸水しにくいので、種の先のとがった部分を切って傷をつけてから水に1～2時間浸した後にまく。温度が低いと芽が出にくいので、発芽するまで透明なビニールなどをかぶせて保温すると良い。
丈夫で病気や害虫の心配はほとんどないが、根が広く浅くはるので鉢植えの場合は長さ60cmほどの大型プランターに1～2株を植える。
つるは上へ伸びるので、日除けにするには横方向にもひもで留めて伸ばすときれいに広がる。あとは放っておいてもよく育つ。

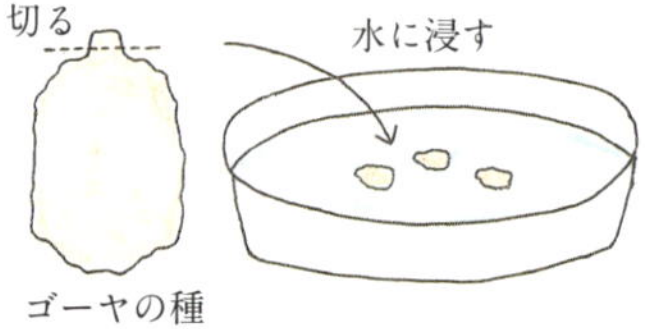

ゴーヤの種とワタの利用法

種やワタは苦みが少なく、生でそのまま食べられる。ワタは苦いイメージがあるが、ワタに近い実の内側の部分が一番苦い。調理する前に実の内側の部分をよく削っておくと、苦みがやわらぎ食べやすくなる。成分には脂肪をエネルギーに変えて燃焼させる働きがあるので、ダイエットに良い食材。種は軽く炒って食べたり、ワタは細かく刻んでお好み焼きや卵焼きなどを作るときに生地に混ぜると、ふんわりとしておいしくなる。熟すと、ワタは赤くなり種のまわりにつく。赤くなったワタは甘みがあり、そのまま種ごとおいしく食べられる。

干しゴーヤ／ゴーヤ茶

ゴーヤはあまり日持ちしない野菜なので、たくさん収穫できたときは、天日干しで乾燥させると良い。種とワタをのぞき2～3㎜ほどの薄切りにし、ザルなどに広げてカラカラになるまで干す。水でもどして炒め物や煮物に、ゆがいてゴマ和えなどにできる。冷暗所で半年ほど保存可能。

ゴーヤ茶にする場合は丸ごと薄切りにして干し、フライパンで茶色く色づくまでから炒りして保存する。2～3分煮出してから飲むと、ほうじ茶に近い味であまり苦みがなく飲みやすい。出がらしは、佃煮にして食べても。種やワタの脂肪燃焼効果を上手に利用するには、運動前に飲むと良いとか。

ゴーヤの佃煮

＊材料＊

ゴーヤ…1本、しょうゆ…1/4カップ、みりん…大さじ1、砂糖…大さじ2、梅干し1粒またはしょうがの千切り少々

＊作り方＊

種やワタを取り除き、調味料を加えて汁気がなくなるまで煮つめる。干したものは、水でもどしてから使う。

細かく刻んだ梅干しの果肉かしょうがの千切りを少し加えると、苦みが抑えられて食べやすくなる。

すいか

夏

旬は7〜8月。体を冷ます作用があり、暑さをやわらげる夏の定番の野菜。
利尿作用が強く、子どもが一度にたくさん食べるとおねしょなどの原因にもなるので、食べすぎには注意。

すいかの皮の利用法

食べ残った皮は漬物などにして食べられる。きゅうりのような味で、同じように利用できる。加熱をしないので、すいかの皮に含まれるビタミンCを壊さずに摂ることができる。

・皮の塩もみ
　表面の緑の固い部分を包丁でそぎ落として、白い部分を利用する。適当な大きさに切り、塩ひとつまみをまぶして少し置いておく。水気が出てきたら絞って食べる。

・ぬか漬け
　（作り方は本書P89参照）

・しょうゆ漬け、甘酢漬け、ピクルスなど
　＊作り方はきゅうり（本書P45参照）

すいかの種の利用法

種はビタミンやミネラルなどの栄養成分が多く含まれ、中国ではお茶菓子としても好まれている。生のままかじっても良いが、フライパンでから炒りして、塩少々を加えるとおいしい。
種をまく場合は、洗った後天日干しをして乾かしてから保存しておき、3〜5月ごろにまく。つるがどんどん広がるので、収穫を期待するならある程度のスペースが必要だが、庭や鉢植えなら支柱や園芸ネットに絡ませて、緑のカーテンのように日除け代わりにすると良い。

こんな使い方もおすすめ

〈すいか糖〉
果肉をミキサーにかけて布でこし、液を弱火で煮つめる。水あめ状になれば完成。すいか1個で100gほどができる。砂糖やシロップ代わりに使える。
冷暗所で1年以上保存可能。

育て方

多肉植物のアロエは、肉厚の葉に水を貯えた乾燥に強い植物。暖かい気候を好み寒さや霜には弱いので、鉢植えで育てて冬の間は玄関や室内に入れると良い。春～秋は土が乾いたら水を与える。冬の間水やりは不要。日当たりの良い場所で育てると良い。
繁殖力が強くほとんど手をかけずに育てられ、1株あれば増やすことができる。5～9月ごろに葉を根元から切り取り、切り口を乾かしてから土に挿しておけば、1ヵ月ほどで根が生えてくる。

アロエの利用法

・化粧水
果肉はゼリー状で保湿力があるので、昔から化粧品や美容に利用されてきた。日焼けやニキビなどを治す働きがあり、抗菌作用もあるのでニキビができにくくなる。果汁を搾って水で薄めただけでも効果がある。葉を焼酎漬けにしたり、煮出して化粧水にしても良い。(作り方は本書コラムP124参照)

・外用薬
火傷や虫さされ・切り傷のときなど、葉を切り取って果肉をその部位に貼るか塗っておくと効果があり、傷跡もきれいになる。

・内服薬
胃もたれや便秘など胃腸のトラブルに効果がある。葉を切り取り、生のまま食べると良い。葉を煮つめたものは市販薬にもなっており、とても苦いが少量でも効果がある。
皮ごと細く切り、煮出したものを一日大さじ2～3杯程度お茶として飲むと良い。
アロエは薬効が強いので、食べすぎないように注意。子宮収縮作用があるので、生理中や妊娠中は控える。

アロエ

日本では俗に「医者いらず」や「医者泣かせ」と呼ばれ、江戸時代から民間薬として利用されてきた。
手間がかからず育てやすく、私も祖母が庭で育てた1株を分けてもらい、ずっと育てている。

夏

唐辛子

夏

旬は8～10月。強い辛さが特徴で、緑色の実から熟した赤い実まで利用できる。
体を温める効果や殺菌効果もあるので、わが家では漬物を作るときに加えたり、寒い時期に積極的に利用している。

育て方

ピーマンの仲間で育て方も同じだが、病害虫の被害も少なくピーマンよりも育てやすい。日当たりの良い場所で育てるとよく実をつける。
種をまく場合は3～4月ごろ、5月の連休ごろに苗を購入して植えつけても。水やりさえ忘れなければ、あとは放任栽培でも育つ。
未熟な実は青唐辛子として料理に利用し、熟した実は摘み取って天日干しをして乾燥させ保存し、必要なときに活用する。葉も食べられる。

こんな使い方もおすすめ

〈葉の活用〉
実を収穫した後の葉も食べられる。葉にも栄養が多く、油で炒めたりご飯に混ぜて食べてもおいしい。佃煮は、葉をさっとゆがいて水にさらしてから細かく刻み、しょうゆ（またはみそ）・砂糖・酒・みりんで煮つめる。

〈しょうゆ漬け〉
青唐辛子のへたを取り、瓶に入れてしょうゆを注ぎ漬けておけば保存できる。実は必要なだけ取り出して使い、しょうゆも料理に使える。冷蔵庫で1年ほど保存可能。

〈唐辛子のカイロ〉
唐辛子の実を1～2本、靴下をはいたときにつま先に入れておくと、保温効果がありしもやけや冷えを防いでくれる。

ゆずこしょう

7～8月ごろ、青唐辛子と同時期に手に入る青ゆずで作る。

＊材料＊

青唐辛子…5～6本
青ゆず……小1個
塩…………小さじ1/2

＊作り方＊

❶青ゆずは皮を薄くむき、果汁を取り分けておく。
❷青唐辛子はへたと種を取り除き、ゆず皮と一緒にすり鉢かミルサーにかけて細かくする。
❸ボウルに移し、ゆず果汁を小さじ1、塩少々を加えよく混ぜて完成。
残った果汁は冷蔵庫で保存できる。酢代わりに使ったり、ハチミツを加えて湯で割って飲んでも。

しょうがやわさびのように薬味として料理に使える。作ってすぐに使えるが、少し置くと味がなじんでおいしくなる。
冷蔵庫で1ヵ月ほど保存可能。
赤唐辛子と黄ゆずで、同様に赤ゆずこしょうも作れる。

＊天日干しして乾燥させた青唐辛子と青ゆずを粉末にして合わせると、乾燥ゆずこしょう（写真参照）ができる。
常温で1年ほど保存可能。

七味唐辛子

赤唐辛子の粉末を含む7種類の材料を合わせて作る調味料。数にこだわらず、そのときどきで手に入る材料や好みの材料を合わせて作っても。

＊作りやすい材料の一例＊

しょうが、ゆずの皮、みかんの皮、青のり、山椒（実・葉）、ゴマ、しそ（実・葉）など

＊作り方＊

材料はそれぞれ乾燥させてから、すり鉢やミルサーで粉末にする。すべての材料を同量ずつ合わせて完成。

瓶などに入れて保存する。常温でも良いが、冷蔵庫に入れると香りが飛びにくい。長期保存できるが、香りを楽しむなら3ヵ月ほどで使い切り、そのつど作ると良い。

和風キムチの素

韓国の漬物であるキムチは、様々な種類の材料を合わせ発酵させて作るが、日本の調味料や身近にある材料で即席のキムチの素を作り、白菜のほかに大根やきゅうりなど野菜を和えてもおいしい。蒸したじゃがいもに塗って食べたり、炒飯や炒め物、鍋物に入れたりといろいろ利用できる。

＊材料＊

唐辛子（乾燥または生）…20本ほど、ダシ汁（昆布、かつお、煮干しなど濃いめに）…1/2カップ、にんにく…4～5片、しょうが…1片、砂糖…大さじ1、みりん…大さじ1、しょうゆ…小さじ1、酢…小さじ1、塩…小さじ1

＊作り方＊

材料をすべて合わせてミキサーにかける。または、一味唐辛子とすりおろしたにんにく、しょうがを用意して混ぜ合わせても良い。

容器に入れて、冷蔵庫で1ヵ月ほど保存可能。

使い方

1. キムチの素少々、大根、にんじん、りんごのすりおろしや細ねぎ、ニラを細かく刻んで混ぜ合わせる。
2. 漬けたいものを食べやすい大きさに切り、塩少々をまぶして重石をし1時間ほど下漬けをする。
3. 水気を絞り、食べる1時間ほど前に混ぜ合わせたキムチの素を加えて和える。時間が経つと水っぽくなってしまうので、食べる分だけ作る。

吊るし唐辛子

赤唐辛子を天日干しして乾燥させるときや保存するときに、麻ひもなどで結んで干すと、見た目もかわいく便利。唐辛子は古くから魔よけのお守りとされている。縁起物として玄関や軒下などに飾っても良い。

＊材料＊

麻ひも（40cmほど）…2本
赤唐辛子……………10本

＊作り方＊

❶赤唐辛子は、できるだけ真っすぐで同じ大きさのものを揃える。

❷麻ひもを2つ折りにして2本を交差させ、重なった部分に赤唐辛子を置く。

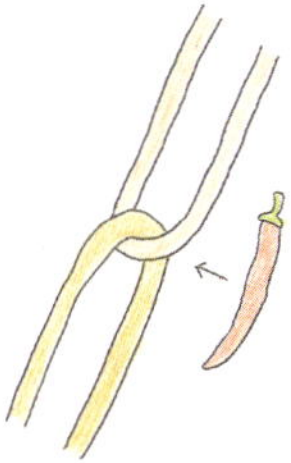

❸手前の2本のひもを赤唐辛子にかぶせて、奥のひもの下を通す。

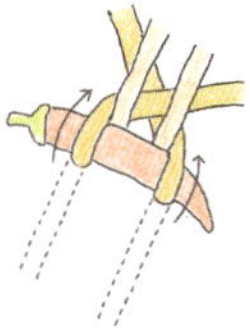

❹2本目、3本目…と、図のようにはさんでいく。（はさむ部分を足で押さえながら行うとやりやすい）ひもがゆるければ、唐辛子を下につめて引きしめる。

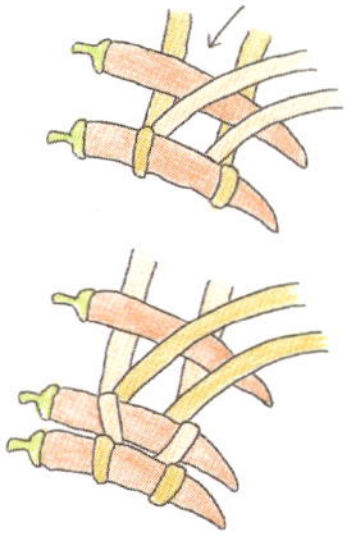

❺全部はさみ終えたら、1本のひもで残りの3本をぐるぐると巻いて結んで止める。

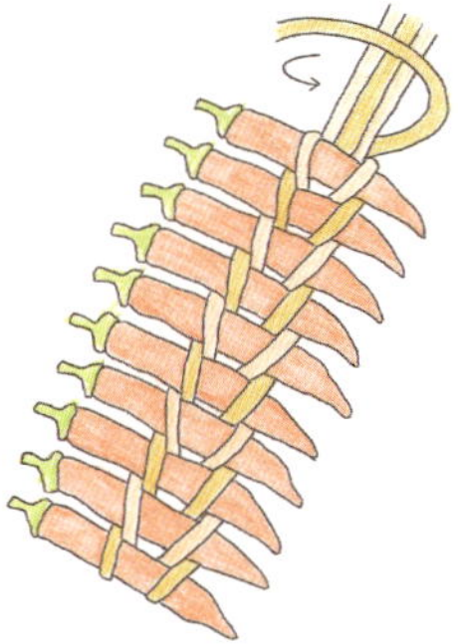

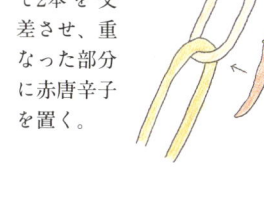

昔から農家では、ワラを利用していろいろな野菜をこのように吊るして干していたそう。

みょうが

夏

旬は6～7月、9～10月。土の中から出てきた花のつぼみを食べる。香辛料に近い味や香りで、夏の暑さで弱った胃腸を回復させる効果がある。
汁物の具や薬味、ぬか漬けやみそ漬けなどいろいろ活用できる。

育て方

地下の茎を伸ばして増える植物なので、地下茎を掘り出し芽を2～3個つけたところで切って植える。市販の苗を購入するか、栽培している人から分けてもらって育てる。植えつけは2～3月か9～10月ごろに行う。庭の片隅の半日陰で風当たりの弱い場所が最適。地植えなら、乾燥しないように気をつけていればとくに何もせず何年も収穫を楽しめる。冬になると地上部は枯れるが、地下の茎や根は生き続け、春になると新芽が出てくる。
プランターなどで育てる場合は続けて何年も栽培するため、深さが25cm以上の大型の容器を選び、土に堆肥や腐葉土を多めに混ぜて植えつける。

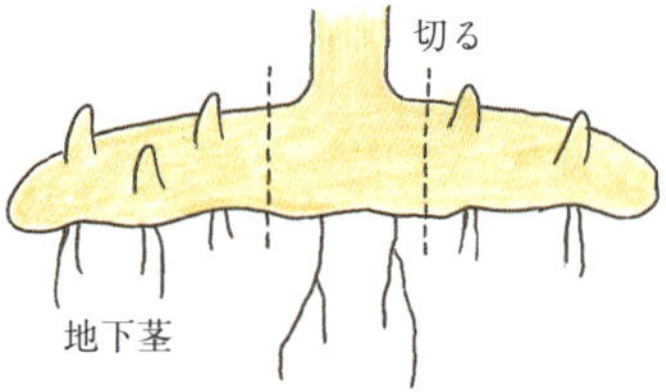

みょうがの甘酢漬け

＊材料＊

みょうが…10個ほど、酢…1カップ（酢の1/3ほどを梅酢にして漬けても）、砂糖…1/2カップ、塩…少々

＊作り方＊

❶みょうがは半分に切り、半日ほど天日干しする。
❷鍋に調味料を入れ、砂糖が溶けるまで煮立たせて冷ます。
❸煮沸消毒した瓶にみょうがを入れ、❷を注いで漬ける。

翌日から食べられ、冷蔵庫で2～3ヵ月保存可能。

漬け汁は何度も利用できる。薄くなったら調味料を少しずつ足し、煮立たせると再利用できる。みょうが以外に、しょうがやほかの野菜を一緒に漬けても。

みょうがのしば漬け（即席漬け）

梅干しを漬けた後にできる赤じそと赤梅酢を利用した、即席のしば漬け。みょうがが手に入る時期に作ってみよう。

＊材料＊

きゅうり…1本、なす…1本、みょうが…2～3個、しょうが…少々
塩…小さじ1、酢…大さじ1、赤梅酢…大さじ1～2、みりん…大さじ1、砂糖…小さじ1、あれば赤じそ（梅干しで漬けたもの）少々

＊作り方＊

❶しょうがはみじん切りに、その他の野菜は薄切りにして塩と酢を振り、軽くもんでおく。
❷水分が出てしんなりとしたらよく絞り、赤じその葉を刻んで加え、赤梅酢・みりん・砂糖を加えて混ぜる。軽めの重石をしておく。
❸半日ほど漬けた後、軽く水気を絞って食べる。

冷蔵庫で1週間保存可能。

ブルーベリー

旬は6～9月。アメリカ生まれの果実で、青色の色素成分が目の疲労回復・機能向上の効果がある、人気の果物。
わが家も数年前から鉢植えで育て、子どもも一緒に観察したり、収穫を楽しんでいる。

夏

育て方

病気や害虫に強いので、家庭で育てるのに向いている。3つの系統と、その中に多くの品種があり、実をつけるには同じ系統で違う種類の苗を2種類育てるか、1本でも実のつく種類の苗木を選ぶ。4～5月ごろに花が咲き、6～9月ごろに果実が熟す。
土はブルーベリー専用の培養土か、ピートモス（苔などが堆積して泥炭化したもの）を土に混ぜて作る。土が乾いたら水やりをする。
枝を切って土に挿しておくだけで、新しい苗が作れる。12～3月ごろに枝を20㎝ほど切り、花芽がついた先端を切り落としておく。これをビニール袋に入れて冷蔵庫で保存しておき、3～4月ごろになってから切り口を斜めに切り、土に挿す。
明るめの日陰で乾燥させない程度に水やりをすると根づく。

ブルーベリーシロップ

＊材料＊
ブルーベリー……………………………適量
砂糖……………………ブルーベリーと同量

＊作り方＊
瓶にブルーベリーを入れ、砂糖を上からまぶしておく。ときどき瓶をゆすって砂糖がまんべんなく行き渡るようにする。かさが減ったら、実を追加しても。
1週間ほどして砂糖が溶けて実がしわしわになり、エキスが出たら完成。冷蔵庫に入れて2ヵ月保存可能。利用法はいちごシロップ（本書P15参照）と同様。冷凍した実でも作れる。

ブルーベリー酒

＊材料＊
ブルーベリー…500g、焼酎…1.8ℓ
砂糖…250g

＊作り方＊
瓶などにブルーベリー、砂糖を入れて焼酎を注ぎ、冷暗所に置く。2ヵ月ほどすると飲みごろに。実も食べられる。
常温で1年以上保存可能。

コラム③

草木染めをしよう

草木染めは、家にあるものや普段調理した後に残る材料を利用して、台所で手軽に行えます。わが家は、着古した子どもの肌着やシャツなどを染めています。材料は、量が足りなければ冷凍や天日干しして乾燥させて保存しておくと良いです。
黄ばんだりシミや汚れが落ちなくなったものでも、染めることできれいによみがえります。

手に入りやすい材料：

・古くなった茶葉や香辛料…緑茶、紅茶、ウーロン茶、ハイビスカス茶、コーヒー粉、ターメリックなど。飲んだ後の茶葉を集めておき、染めることもできる。
・野菜の皮…みかんやかんきつ類・玉ねぎ・落花生・ぶどうの皮など。
・煮汁…小豆・黒豆・栗の煮汁など。
・野菜の葉…大根・にんじんの葉、パセリ、よもぎ、シソ、ハーブなど。

＊ハンカチ1枚（約20g）を染める場合
・玉ねぎの皮…10g
・お茶の葉…20g（出がらしなら2～3倍）
水は2ℓほど使用する。

媒染剤：

発色を良くしたり色が落ちないようにするため、色止めの役割をする材料（媒染剤）を使う。媒染剤にはいろいろな種類があるが、みょうばんが一番手軽で安全。

みょうばん…漬物の色や歯ごたえを良くしたり、アク抜きに使う食品添加物。スーパーなどで100g200～300円で手に入る。1ℓに小さじ1ほどの量を使う。

染め方：

①鍋に材料とたっぷりの水を入れて煮出す。濃いめに煮出したら熱いうちにこし、そのまま冷ましておく。
②染めたい布（綿、シルクなどの天然繊維）を水でよく濡らし、水気を絞る。
③①に布を入れてよくなじませ、火にかける。弱火で10分ほど煮てから火を止め、そのまま冷ましておく。
④みょうばんを少量の熱湯で溶かし、たっぷりの水を張った容器に加える。布を染液から取り出して軽く絞り、みょうばん水に20分ほど浸しておく。
⑤布を再び染液に入れて火にかけ、沸騰したら火を止めて冷ます。
⑥軽く水洗いをして日陰干しをし、乾けば完成。

染液は、冷めてから庭の植物への水やりに使えます。植物を煮出した液なので無害です。

玉ねぎの皮で染めているところ。

左上から藍の生葉、赤じそ、よもぎ、玉ねぎの皮。右上から小豆の煮汁、緑茶、紅茶、栗(渋皮)の煮汁。

コラム④

緑のカーテンを作ろう

つる性の植物をガラス窓や外壁に這わせて緑のカーテンを作れば、夏の日差しをさえぎり、葉から出る水分の相乗効果で室温の上昇を抑えてくれます。省エネや地球温暖化対策の１つとして注目され、近年、全国の自治体や学校などでも多く取り組まれています。夏になると、緑のカーテンをしている家を見かけることが増えてきました。わが家も毎年、日除けと収穫を期待していろいろな植物で挑戦しています。

ベランダや小さなスペースでも簡単にできるので、ぜひ挑戦してみて下さい。

材料：

つる性植物の苗（または種）

培養土など園芸用の土

大きめの発泡スチロール箱、大型のプランター、

園芸ネットまたは麻ひも

支柱など

肥料（有機質肥料や液体肥料など）

適した植物：

一般的に夏に茂り、冬は落葉するもの。

- **実を食べるもの**…ゴーヤ、ヘチマ、きゅうり、小玉すいか、ミニかぼちゃ、その他ウリ科の野菜
- **花や実を楽しむもの**…アサガオ、フウセンカズラ、ヘチマ、ヒョウタン、オモチャかぼちゃなど

育て方：

①4～5月ごろ市販の苗、または種をまく。家庭の日除けで数株植える場合は、市販の苗を利用した方が失敗も少なく便利。

②１つの容器に、同じ種類の植物を1～2株植える。複数の場合は、株の間隔は20㎝以上空ける。容器をいくつか用意し、何種類かの植物でカーテンを作っても楽しい。

③日当たりの良い場所で、土が乾いたら水を与えて育てる。つるが伸びてきたら、ネットなどに這わせてきれいに広がるようときどきつるを誘導し、ひもで結ぶと良い。

地面に植えて育てる場合は、肥料を与えなくても比較的良く育ちますが、容器に入れるなど限られたスペースで育てる場合は、2～3週間に1回ほど肥料を与えると、元気に育ちます。上手に育ててあげれば、収穫も期待できます。

秋

秋は、暑さもやわらいで活動しやすくなる季節。普段車で移動している人も、車に乗る回数を少し減らして、ぜひ歩きや自転車で出かけてみてください。見慣れた場所でも歩く速度で景色を眺めてみると、新しい発見があるかもしれません。出かけるときは水筒を。天気の良い日はお弁当を持参し、外の景色を眺めながら食べるとより一層おいしく感じると思います。

秋の季節は、これからやってくる冬の寒さに備えるため栄養豊富な栗やくるみ、銀杏などの木の実やいも類、根菜類などが収穫を迎えます。毎年これらの栄養をしっかり摂り、寒さに負けない体作りを心がけています。

空気が乾燥すると肌が荒れ、風邪も引きやすくなってくるので、わが家では家にあるものや身近なものを化粧水や入浴剤にして肌を保湿したり、風邪予防の効果がある旬の食材を毎日の食事の中に取り入れるようにしています。

この季節は、野菜や果物を干すのに適しています。料理で余った食材などは干して乾燥させておくと、腐らずに日持ちさせることができます。

しょうが

秋

旬は9～10月。漢方薬の約7割に配合されるほど、多くの薬効を持つ野菜。とくに体を温める効果が高いので、わが家は毎日少しずつ食べている。そのおかげか冬も暖房に頼らずに、子どもたちは薄着でもほとんど風邪をひかず元気に過ごしている。

紅しょうが

＊材料＊

しょうが…100g
赤梅酢……1カップ
塩…………小さじ1

＊作り方＊

❶しょうがを千切りにし、塩をまぶしてひと晩おく。
❷軽く水気を絞り、1日天日干しする。
❸容器に❷を入れ、赤梅酢をひたひたに注いでそのまま漬ける。
❹1週間ほどでしょうがが赤く染まったら完成。

冷蔵庫で1年保存可能。ただし水分が入るとカビが生える原因になるので、容器から取り出すときは濡れた箸などを使わないように注意する。

自家製ジンジャーエール

＊材料＊

しょうが……200g
水…………500mℓ
砂糖…………150g

＊作り方＊

❶しょうがを皮ごと薄切りする。
❷鍋に材料を入れ、20分ほど煮つめる。
❸❷をこして容器に入れ、冷めたら冷蔵庫で保存する。
❹❸を炭酸水で好みの濃さに割って飲む。

冷蔵庫で1ヵ月保存可能。こした後残ったしょうがは、しょうゆとみりんを加えて汁気がなくなるまで煮つめると佃煮になる。こちらも冷蔵庫で1ヵ月保存可能。

しょうがの粉末

好きなときに手軽に利用するために、乾燥させ粉末にして保存するのもおすすめ。
しょうがを薄く切り、カラカラになるまで天日干しをしてミルサーなどで粉末にする。空き瓶などの容器に入れて保存する。

常温で1年保存可能。まとめて作っておくと便利。飲みものや汁物に入れる、料理に振りかける、薬味として使うなど活用できる。

こんな使い方もおすすめ

〈佃煮〉
しょうが500gを適当な大きさに切り、しょうゆ1/4カップ・砂糖大さじ2・みりん（または酒）大さじ1を入れて煮つめる。

〈甘酢漬け（ガリ）〉
しょうが200g、酢300mℓ、砂糖50g、塩小さじ1。調味料をひと煮立ちさせ、冷ましておく。しょうがを薄切りにして容器に入れ、調味料を注ぐ。翌日から食べられ、冷蔵庫で2～3ヵ月保存可能。

栗

秋

旬は9～10月。でんぷんが主成分で、ビタミンやミネラルなどの栄養も豊富なため、昔は主食の１つとして食べられていた。
子どもたちも大好きで、茹でて皮をむくとあっという間になくなってしまう。

種を植える

栗は、気候や土質を選ばず庭植えや鉢植えでも育てられる。秋に入手した栗をそのまま土にまくか、ビニール袋に入れて冷蔵庫で保存しておき2月中旬～3月ごろにまく。このとき虫が入っていると発芽しないので、いくつかまいておくと良い。また、収穫後に乾燥させると発芽しなくなるので注意。1ヵ月ほどで発芽し、うまく育てれば2～4年くらいで実をつけることも可能。品種の違うものを複数植えると実がつきやすくなる。

こんな使い方もおすすめ

〈栗の甘露煮〉
栗500g・砂糖 栗の半量～ 3/4量・みりん1/4カップ・酒大さじ2・塩小さじ1/2。栗の皮と渋皮をむき、ひと晩水に浸しておく。鍋に栗を入れ火にかけて、竹串が通るほどやわらかくなったら、水にとり冷ます。別の鍋にひたひたの水と調味料を入れ、栗を加え10分ほど煮含める。長期保存する場合は、瓶づめまたは汁ごと袋に入れて冷凍する。

〈栗の入浴剤〉葉やいが、むいた後の皮は天日干しをしてから布に包んで浴槽に入れると、あせもやしっしんに効果がある。

マロンクリーム

＊材料＊
栗…適量、砂糖…栗の重量の30%

＊作り方＊
❶栗を皮つきのまま茹で、半分に割ってスプーンで中身をくりぬく。
❷❶に砂糖とミキサーが回る程度の水を加え、ミキサーにかけてペースト状にする。裏ごしをすれば、よりなめらかになる。
❸鍋に移し、好みの固さになるまで弱火で煮つめて完成。

冷蔵庫で4～5日保存可能。ペースト状にするとそのまま食べたり、パンに塗ったり、お菓子の材料にしたりといろいろ利用できて便利。水の代わりに豆乳や牛乳を使うと、洋菓子にも合う。

栗の保存法（かちぐり）

栗を乾燥させて保存する、古くから行われてきた方法。戦国時代、武田信玄が兵隊の食料として利用していたという話が有名で、「勝つ」に通じる縁起物として大切にされたという。

＊材料＊
栗…適量

＊作り方＊
❶栗を皮ごと天日で干しながら、2日に1回フライパンでから炒りする。
❷❶を何度かくり返し、皮が手や口で割れるやわらかさになれば完成。皮ごとでは中に虫が入っても分からないので、皮を割り、中身のみ保存する。外の皮を割ると薄皮もパリパリとはがれる。はがれにくいときは、先のとがったものでひっかいてはがす。

常温で1年以上保存可能。そのままでは固いので、食べるときはひと晩水につけ、一度煮てから湯を捨て、さらにやわらかく煮て味つけをしてから食べる。生の栗がない時期に利用でき、非常食代わりにもなるので残った栗があれば作っておくと便利。

さつまいも

秋

旬は9～11月。ビタミンCや食物繊維が多く甘みがあるので、料理やお菓子に利用できる。
皮には消化酵素が含まれるほか栄養も豊富なので、皮ごと利用するのがおすすめ。さつまいもは寒さに弱いので、冷蔵庫では保存しないこと。

干しいも

＊材料＊

さつまいも（干しいも向きの品種…タマユタカ、タマオトメ、ハマコマチ、安納芋、紫娘、種子島紫など）

＊紅あずまや鳴門金時など粉質のいもでつくるときは、低温でしばらく貯蔵すると粘質に変わり、作りやすくなる。

＊作り方＊

❶さつまいも丸ごとを、弱火でやわらかくなるまでじっくりと蒸すか煮る。
❷❶を冷ましてから5㎜～1㎝厚に切り、天日干しをする。
❸ときどき裏返して、1週間ほど干せば完成。

冷蔵庫で2～3週間保存可能。固くなったものは火であぶる、温めるなどしてから食べる。

POINT

粉質のいもを使う場合や蒸す時間が短い場合は、中が白くなったり、固くなりやすいので注意。

いもけんぴ

お茶うけにもピッタリのおやつ。

＊材料＊

さつまいも…1本、砂糖…大さじ4、水…大さじ2、しょうが…1かけ、菜種油など…適量

＊作り方＊

❶さつまいもは皮ごと細長く5㎜角に切り、10分ほど水にさらしておく。
❷水気を切り、素揚げする。弱火でじっくり揚げ、中まで火が通ったら強火にし、きつね色になるまでカラッと揚げる。
❸すりおろしたしょうが、砂糖、水を鍋に入れ、とろっとするまで弱火で煮つめる。
❹❷を❸の鍋に入れ、弱火のまま絡める。
❺網などの上に重ならないように並べ、冷ませば完成。

1週間ほど保存可能。

さつまいもペースト

さつまいもをペースト状にすると、いもようかんやお菓子の材料などに活用できる。調味料を入れずに作れば、離乳食にも。

＊材料＊

さつまいも…適量、砂糖…適量、塩…少々

＊作り方＊

❶鍋に輪切りにしたさつまいもとひたひたの水を入れ、やわらかくなるまで煮る。
❷❶に煮汁を少し加えてミキサーにかける。または、熱いうちにつぶす。
❸鍋にもどし、砂糖・塩を加えて弱火で好みの固さになるまで煮つめれば完成。

粗熱が取れたら、冷蔵庫で保存し、2～3日ほどで食べきる。

いもようかん

さつまいもペーストで作れる。水分が少ない固めのペーストなら、そのまま型に入れて冷やし固めるだけでできるが、やわらかければ寒天を加えて固める。紫いもで作ってもきれい。

＊材料＊

さつまいもペースト…200g、棒寒天…1/2本、水…1カップ、砂糖…好みで

＊作り方＊

❶寒天をさっと洗って小さくちぎり、水につけておく。
❷寒天がやわらかくなったら火にかけて煮溶かし、さつまいもペーストと砂糖を加えて、よく混ぜ合わせる。
❸火を止めて平らな型に流し入れ、粗熱が取れたら冷蔵庫に入れて冷やす。

柿

秋

旬は9～11月。「柿が赤くなると医者が青くなる」と言われるように、実には栄養成分が豊富に含まれている。
わが家も大好きでよく食べるが、生の柿は一度に食べすぎると体を冷やすので、干し柿にして食べている。

種を植える

柿は果樹の中では比較的育てやすく、庭植えや鉢植えでも育てられる。食べた後の種を植えて育てることもできる。そのまま土にまくか、種を湿らせたガーゼなどに包んでビニール袋に入れて冷蔵庫に保存しておき、3月中～下旬になってからまく。土が乾いたら水やりをすると、1ヵ月ほどで発芽する。
昔から「桃栗3年柿8年」と言われるように、実がなるまでは8年以上かかるが、葉も利用できるので重宝する果物。

大根の柿漬け

熟してやわらかくなってしまった柿は、漬け床に。柿の甘みや滋養を生かした漬物。

＊材料＊

熟した柿…2～3個
塩…………柿の重量の20%
酢…………小さじ1
大根………1/2本

＊作り方＊

❶大根は適当な大きさに切り、2つ割りまたは4つ割りにする。これを半日ほど天日干しして水分を飛ばす。
❷柿をよくつぶすかミキサーにかけ、材料をすべて混ぜ合わせる。甘みが足りなければ、砂糖を適量加えても。
❸大根を❷に漬け込む。

4～5日経ち、味がなじめば食べられる。床に漬けたまま冷蔵庫で2週間ほど保存可能。柿床は、味が薄くなってきたら調味料を少しずつ足すと、くり返し何度も漬けられる。

干し柿

干すことで甘みが濃くなり、保存がきく。渋柿でも甘い柿でも作れるが、家庭で作るときはカビ予防にさっと熱湯にくぐらせるか、焼酎に1分ほどつけると良い。大きめの柿は、スライスして干す。

＊材料＊

柿（枝つきが干しやすい）
ひも

＊作り方＊

❶柿のへたを残して皮をむく。
❷熱湯にさっとくぐらせる。大きいものは5㎜ほどに薄く切る。
❸枝をひもで結ぶか、ザルなどに並べて（ときどき裏返す）干す。丸干しは表面が乾いたら1日1回もみほぐす。

日当たりや風通しの良い場所に干す。雨が当たらないように注意する。スライスしたものは数日で干し上がるが、丸干しのものは1ヵ月ほどじっくりと干す。常温で2～3ヵ月保存可能。干し途中のものもやわらかくておいしい。

柿をつぶしてイースト菌を加えたところ。

布でこしたところ。

完成。

柿酢

柿を利用して、酢を簡単に作ることができる。ぜひ自家製の柿酢を作ってみては。

＊材料＊
熟した柿（甘柿・渋柿どちらでも）…1kg
ドライイースト…小さじ1

＊作り方＊
❶柿をさっと洗って水気を取り、へたを取り除く。
❷皮ごとマッシャーやミキサーなどで形がなくなるまでつぶす。
❸容器に入れ、ドライイーストを加えて混ぜ、ラップでふたをして冷暗所に2週間ほど置いておく。
❹発酵してアルコールの香りがしてきたら、布でこす。
❺通気性のある布や新聞紙などでふたをして、冷暗所に2～3ヵ月置く。
❻酢の香りがしてきたら、もう一度こして完成。

冷蔵庫で保存すれば、1年以上保存可能。酢の表面に白い膜やゼリー状のものが発生することがあるが、これは酢酸菌の固まりなので無害。そのまま保存しておき、翌年作るときにイーストの代わりに入れて柿酢を作ることができる。

柿の葉の利用法

柿の葉にはビタミンCが多く含まれ、古くから漢方薬や茶葉として利用されてきた。捨てずに、家庭でもお茶や化粧水などに利用してみては。抗菌効果もあるので、漬物を作るときに押しぶた代わりになる。

・柿の葉茶

＊作り方＊

❶柿の葉を蒸し器で2～3分蒸す。
❷ザルなどに広げて天日干しする。
完全に乾燥したら完成。湿気を防ぐ容器に入れて保存する。
葉は5～9月ごろまで摘んで利用できる。ほかの茶葉とブレンドして飲んでもおいしい。

柿の皮の利用法

むいた後の皮にも炎症を抑えるなどの効果がある。天日干しをして乾かし、ぬか漬けなどの漬け床に入れて風味をつけたり、煮出してお茶にしても飲める。

柿のへたの利用法

柿のへたも薬効があり、漢方薬として利用されてきた。しゃっくりや吐き気止め、トイレの近い人にも効果がある。天日干しで乾かし、煮出してお茶にして飲む。しもやけに塗っても良い。

柿の種の利用法

柿の種には血液をきれいにする効果がある。洗って乾かしたものをフライパンでから炒りし、金づちやミルサーなどで砕いてから煮出しお茶にして飲む。

渋柿の渋抜き法

渋柿は渋抜きをすれば甘くなり、生でも食べられる。

＊材料＊
焼酎（35度のもの）
渋柿

＊作り方＊

❶容器に1cmほど焼酎を入れ、柿のへたの部分を1分ほど漬ける。
❷❶をポリ袋に入れて口を結び、密封する。
❸室内の暖かいところに4～5日置いておくと、渋みが抜けておいしく食べられる。

じゅず玉

秋

旬は9～11月。ハトムギの仲間で、河原や道端などに生え、硬い実はお手玉の中身やアクセサリーなどに利用されて親しまれてきた。
わが家でも、近所で分けてもらった実を庭に植えて育て、子どものおもちゃに利用して楽しんでいる。

育て方

9～11月ごろに収穫した実をそのまま土にまくか、常温で保存しておき4月ごろ1日水につけてから土にまけば、庭や鉢植えでも育てられる。自然にこぼれた種からも発芽し、一度育つと地上部が枯れても地下の茎や根が生き続け、翌年また同じ場所から芽が出てくる。ただし、寒い地域では根も枯れてしまうので、毎年種から育てる。
日当たりの良い場所で、土が乾いたら水やりをしてあげる程度で、とくに手をかけなくてもよく育つ。葉は稲のように細長く1mほどの高さになる。
8月ごろに黄色や黄緑色の実ができ、だんだん灰白色に変わって硬く熟していく。そのままにしておくとこぼれてしまうので、9～11月ごろ熟した実から収穫していく。
もともと水辺や湿度の高い場所を好む植物で、わが家でも庭のメダカの鉢まわりに多く生えている。

こんな使い方もおすすめ

〈じゅず玉茶〉じゅず玉は、漢方では昔からハトムギの代用として使われてきた。ハトムギと違い殻が硬いので、フライパンでから炒りしてから金づちなどで砕き、煮出して飲む。利尿作用があり、むくみを取る効果がある。

お手玉

・俵型お手玉

＊材料＊

布…10×17cm
じゅず玉（または小豆などでも）…40g
手縫い糸

＊作り方＊

❶布を中表になるよう2つ折りにして、端を0.5cmの縫いしろをとり縫う。

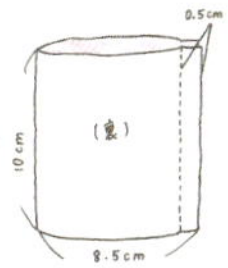

❷一度玉留めしてから続けてもう一辺を縫い、縫ったところを引き絞ってそのまま玉留めする。

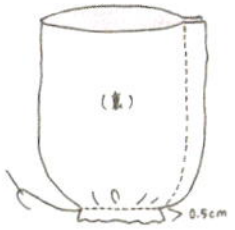

❸表に返して入口の部分を1周縫い、糸を残したまま中身を入れる。

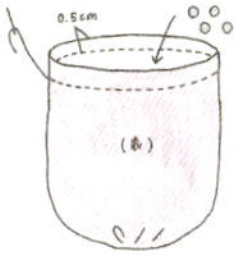

❹糸を引いて入口を絞る。縫いしろを中に入れて玉留めする。

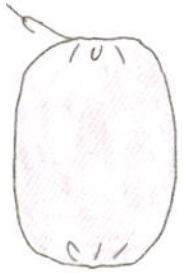

・座布団型お手玉

＊材料＊

布…4.5×9cm 2枚×2種類
じゅず玉（または小豆）…40g
手縫い糸

＊作り方＊

❶2種類の布を図のように交互に置き、隣同士を中表に縫い合わせる。

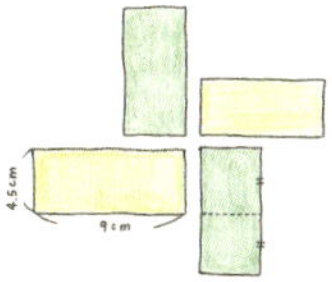

❷続けて●同士、×同士を合わせて縫う。

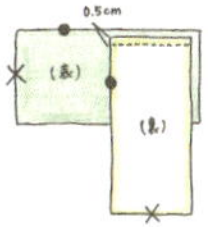

❸もう一組も同様に縫う。

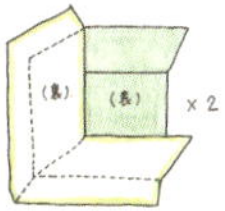

❹柄が交互になるように重ね、縫い合わせて返し口から表に返す。

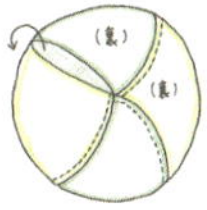

❺中身を入れて、返し口をまつって留める。

じゅず玉ブレスレット

＊材料＊

じゅず玉…適量、ウッドビーズ（5～6㎜）…適量、手芸用ゴム糸（0.5㎜）…適量、目打ち、木工用ボンド

＊作り方＊

❶じゅず玉の芯を目打ちなどで穴を空ける。
❷好みの長さのゴム糸に、じゅず玉とウッドビーズを通していく。
❸両端を結び、結び目を木工用ボンドで固めて乾かしたら完成。

同様にしてネックレスも作ることができる。

しいたけ

秋

旬は5～6月、10～11月。多くの薬効があると言われ、しいたけを多く食べる地域は長寿者が多いそう。
原木しいたけは、樹木にしいたけ菌を植えつけて育てる昔ながらの栽培方法。家庭向けのほだ木も販売されていて、手軽に栽培できる。

原木しいたけの育て方

自分で菌を植えつけることもできるが、しいたけが発生するまで2年ほどかかるので、最初はすぐに発生可能な状態のものを購入してはじめると良い。
春と秋の2度発生し、1つのほだ木で5～6年収穫を楽しめる。

＊材料＊

しいたけのほだ木、プランターやバケツなどの容器
寒冷紗

＊寒冷紗…野菜を栽培するときに、光や風を防いだり、寒さや虫除けのためにかける目の細かい網のこと。

＊育て方＊

1. 容器に水を張り、ほだ木をひと晩ほど水につけておく。
2. 庭やベランダの直射日光の当たらない場所に容器を置き、その中にほだ木を立てかける。（風通しが良く、雨水の当たる場所だとなお良い）容器に少し水を張り寒冷紗をかけておく。
3. ほだ木が乾燥しないようにときどき水をかける。

雨の当たらない場所の場合、発生時期以外も乾燥させないようにときどき水やりをする。一度置いてからあまり動かさない方が良いが、3ヵ月に1度ほど上下を逆さにすると収穫が安定する。

干ししいたけ

しいたけの軸の部分を切り、丸のまま、または使いやすい大きさに切ってからザルなどに並べて天日干しする。カラカラに乾いたら、密封容器に入れて保存する。

常温で1年保存可能。

しいたけ・軸の佃煮

ダシを取った後のしいたけや切り落とした軸は、佃煮にして食べられる。ご飯にぴったりの常備菜になる。

＊材料＊

ダシを取った後のしいたけまたはしいたけの軸…適量
しょうゆ、みりん、砂糖…適量

＊作り方＊

材料を鍋に入れ（軸は細かく刻む）、弱火で汁気がなくなるまで煮つめる。

冷蔵庫で1ヵ月保存可能。

こんな使い方もおすすめ

〈しいたけ茶〉
便秘や不眠のとき、干ししいたけを煮出して飲むと良い。煮出した後のしいたけは、料理に活用できる。

〈しいたけご飯〉
しいたけを適当な大きさにさき、しょうゆ・酒各大さじ1で下味をつけておく。米にしょうゆ・塩少々を加えて吸水させておき、しいたけをつけ汁ごと入れて炊く。

〈しいたけ風呂〉
干ししいたけ（3～4個）のもどし汁を浴槽に入れると、ニキビや皮膚のトラブルを改善する効果がある。水虫には、もどし汁をつけると良い。

きのこ類

秋

旬は9～10月。昔は山に自生しているきのこが主だったが、現在は人工栽培され一年中食べられるようになってきた。カロリーゼロながら、栄養成分が多いのが特徴。料理法も多いので、毎日の食卓に取り入れやすい。

なめたけ

＊材料＊

えのき………200g
しょうゆ…大さじ2
酒…………大さじ3
砂糖………大さじ1

＊作り方＊

❶えのきは石づきを取り、小房に分けて2～3等分に切る。
❷鍋にえのきと調味料を入れ、弱火にかける。
❸アクを取りながら煮つめ、水分が少なくなりとろっとしてくれば完成。

瓶に入れ、粗熱が取れたら冷蔵庫で保存する。1週間保存可能。

干しきのこ

きのこは天日干しすることで、保存以外にも旨みが増してダシも取れ、一石二鳥。きのこご飯やみそ汁などに活用できる。

＊材料＊

きのこ（しいたけ、しめじ、舞茸、マッシュルーム、エリンギなど）適量

＊作り方＊

きのこを適当な大きさに切り、天日でカラカラに乾くまで干す。しっかりと干せば常温で1年は保存可能。ただし乾物は梅雨の時期にカビが生えやすくなるので、梅雨までを目安に使い切った方が安心。心配であれば、乾燥剤を入れたり、冷蔵庫や冷凍庫に入れて保存する。

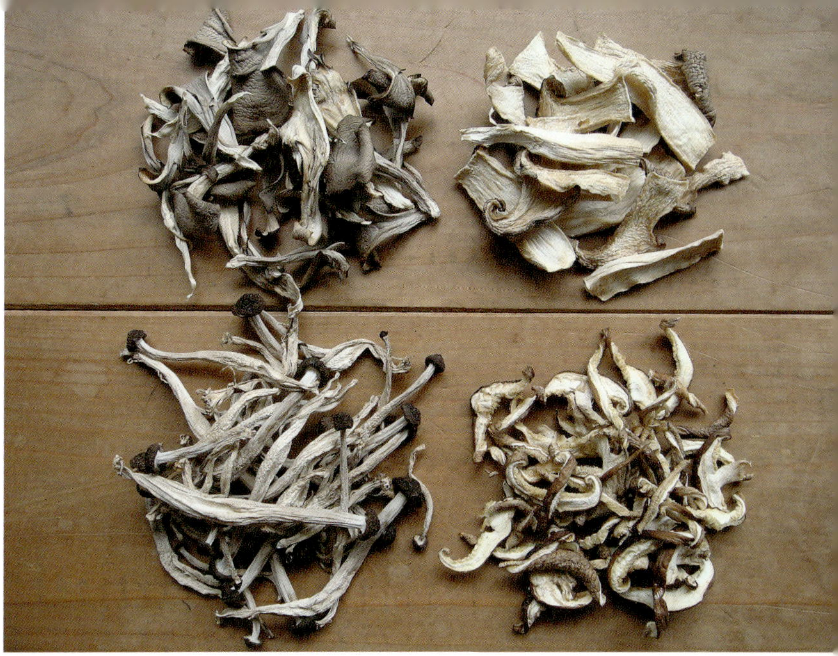

こんな使い方もおすすめ

〈酢漬け〉

食べやすい大きさに切ったきのこ（500g）をさっと熱湯にくぐらせ、ひと煮立ちさせた調味料（酢 1カップ・水 1/2カップ・砂糖 大さじ2・塩 小さじ2・赤唐辛子1本）を注いで漬ける。冷蔵庫で1ヵ月保存可能。

〈しょうゆ漬け〉

しょうゆ・みりん 各1/2カップ・砂糖 大さじ1・赤唐辛子1本の調味料で酢漬けと同様に作る。きのこは、1種類でも何種類かを混ぜても良い。

米

旬は9～11月。この時期のものを新米と呼ぶ。脳や体のエネルギー源である炭水化物が主成分で、筋肉や血液などの体の資本を作るタンパク質、ミネラルや食物繊維などがバランス良く含まれている。

米の炭水化物はゆっくり消化されるので、腹持ちが良いのが特徴。わが家はずっと米中心の食生活を続けている。

秋

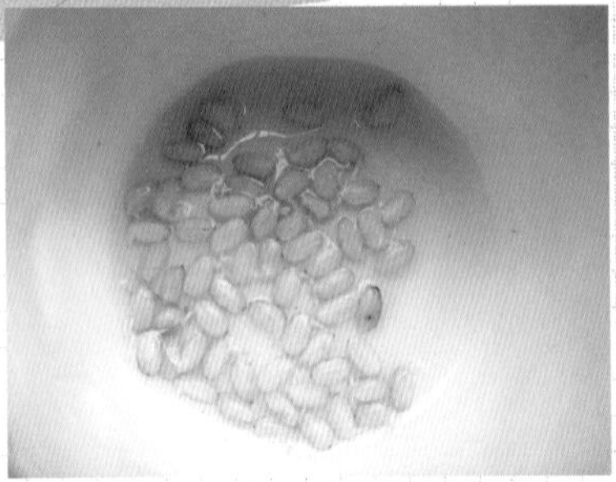

発芽した玄米。

育て方

玄米は生きているので、水に浸しておくと数日で芽が出てくる。4月ごろ、発芽させた玄米を土にまけば苗を育てられる。容器で育てるので量には限りがあるが、どうやってお米ができるのか知ることも楽しい。ぜひ一度挑戦を。

＊材料＊

種もみまたは玄米

バケツや発泡スチロールなどの容器

市販の培養土または畑や田んぼの土

6月ごろの苗。

8月ごろ穂が出たところ。

収穫した茎（稲わら）ともみ。

1. 4月ごろ、玄米を水に浸して発芽させる。毎日水を取り替えれば、1週間前後で発芽する。気温が25～35℃になると発芽しやすくなる。
2. 容器に7割ほど土を入れて全体に湿るくらいの水を入れ、玄米を軽く指で押し込んで土をかけておく。土が乾いたら水やりをする。
3. 葉が3～4枚になったら苗をそっと掘り起こし、4～5本の苗をひとまとめにして植え直す。水を土の上5cmほどまで張り、その量を維持するようにする。日当たりの良い場所に置いておく。
4. 7月ごろ苗が40～50cmの大きさになったら、いったん水をこぼす。土の表面が少し乾くくらいの状態にして、2～3日置く。土の中に空気を入れると根が水を求めて伸びるので、苗が丈夫になる。その後再び水を土の上5cmまで張る。
5. 8月ごろ、茎の先端から穂（お米になる部分）が出てくる。重みで倒れそうなら、支柱を立てて結んで支える。
6. 10月ごろ、穂の9割ほどが黄金色になったら収穫をする。収穫の10日ほど前から水やりをやめて土を乾かす。収穫は根元から5cmほどの位置で茎ごとはさみかカマなどで切る。
7. 根元をまとめてしばって、穂を下向きに干して乾かす。10日ほど干して乾いたら完成。穂からもみを収穫する。

利用方法

もみは、すり鉢などでするともみ殻が取れて玄米になる。少しずつ息でもみ殻を飛ばしていくと、玄米だけが残る。残ったわらは、ぞうりを作ったり、家庭菜園の野菜のまわりに敷いて土の乾燥防止や雑草防止に、細かく切って土に混ぜて肥料に。（ぞうりの作り方は本書コラムP122参照）

ぬか漬け

昔から日本の家庭で作られてきたぬか漬け。栄養にも優れ、ぬか床は長く利用できる。生ごみ堆肥に利用する竹パウダーを、ぬかの半分ほど混ぜると竹の糖分で乳酸菌に良い環境が作りやすく、良い状態のぬか床ができる。

＊材料＊

米ぬか…500g（新鮮なら生で、古いものは軽くフライパンでから炒りして使うと良い）
竹パウダー………………………500g（本書コラムP37参照）
塩……………………………………100g
熱湯…………………………………1ℓ
あれば赤唐辛子、昆布少々

＊作り方＊

❶容器に塩と熱湯を入れ、塩を溶かして冷ましておく。
❷冷めたら米ぬかと竹パウダーを合わせた容器に❶を少しずつ加えて、耳たぶほどの固さにこねる。
❸赤唐辛子・昆布や野菜のへたや外葉、捨て野菜の切れ端などを入れてかき混ぜる。
❹捨て野菜を1～2日おきに取り替えて1週間ほどで完成。

ぬか床は中に空気を入れる必要があるため、1日1回はかき混ぜる。毎日かき混ぜる自信がない方は、密封容器に入れて冷蔵庫に入れておくと、うっかり忘れても発酵がゆっくり進むので安心。野菜はひと晩～1日ほど漬ければ食べられる。ぬか床が減ってきたら、ときどきぬかや竹パウダーを足していくと良い。

こんな使い方もおすすめ

〈米のとぎ汁〉

①汁物のダシ…スープやみそ汁を作るときに水ではなくとぎ汁で作ると、栄養成分やぬかの甘み、コクも加わりおいしくなる。
②煮物に…大根やたけのこの下茹でに使い、そのまま煮て調理する。
③とぎ汁洗剤…とぎ汁を使って食器を洗うと、油汚れなどが落ちやすくなる。

〈米ぬか〉

①ふりかけ…米ぬかはフライパンでから炒りをしてふりかけにしたり、みそ汁に入れたり、生地に混ぜてクッキーやパンを作っても。
②米ぬかパック…米ぬかは保水力があり、肌をしっとりさせる効果がある。水でふやかしてから肌に塗り、10分ほどおいてから指でそっと落とす。

〈玄米茶〉

玄米ひとつかみを中火でこげ茶色になるまでから炒りすると、玄米茶を作ることができる。炒った玄米を塩などで味つけして食べても。

小豆

秋

旬は9～11月。食物繊維やビタミン、鉄分などの栄養成分が豆類の中では多く、日本では吉事凶事の日の食べ物として利用されてきた。保存性が高く、いつでも利用できる。

粒あん

＊材料＊

小豆…適量、砂糖…小豆の重量の80%、塩…少々

＊作り方＊

❶小豆は水洗いをし、たっぷりの水にひと晩つけておく。
❷水を切り、鍋に入れてからひたひたの水を加えて煮る。
❸沸騰したら、弱火で豆がやわらかくなるまで1時間ほど煮込む。途中、煮汁が少なくなったら水を足していく。
❹豆がやわらかくなり、煮汁が少なくなったら砂糖を2回に分けて加え、汁気がなくなるまで弱火で煮つめていく。
❺塩を加えて混ぜ、好みの固さになったら火を止めて完成。

冷蔵庫で1週間ほど保存可能。料理本では煮汁を茹でこぼすレシピが多いが、煮汁の中にも栄養が多く溶け出しているので私はそのまま煮て作っている。

こしあん

本来は裏ごしして皮の部分を取り除くが、皮には食物繊維などが多く含まれているので皮ごと使う。なめらかさは裏ごししたものには劣るが、手軽で簡単に作れる。

＊材料＊

粒あんと同じ

＊作り方＊

❸まで粒あんと同様
❹小豆がやわらかくなったら、煮汁を少し加えてミキサーにかける。
❺鍋に移して砂糖を加え、弱火で煮つめる。
❻塩を加えて混ぜ、好みの固さになったら火を止めて完成。

おやき

＊材料＊

小豆あん（粒・こしあんどちらでも）、小麦粉

＊作り方＊

❶小麦粉に熱湯を加え、耳たぶほどの固さになるまでこねる。
❷生地を何等分かにして薄く伸ばし、丸めたあんこを包む。まな板の上などで平らに形を整える。
❸フライパンに油少々を熱し、両面に焼き目がつくまで焼けば完成。

おはぎ

＊材料＊

小豆あん（粒・こしのどちらでも）、もち米…2合、白米…0.5合

＊作り方＊

❶もち米と白米を合わせて炊く。水加減や炊き方は通常のご飯と同様に。
❷炊けたご飯をすりこぎなどで粒が残る程度に粗めにつぶす。
❸等分に分け、俵型ににぎる。
❹小豆あんでご飯を包む。またはご飯にきな粉をまぶす。

こんな使い方もおすすめ

〈小豆茶〉
便秘の解消やむくみを取るには、小豆の煮汁を飲むと良い。

〈草木染め〉
あんを作るときに煮汁を茹でこぼす場合、この煮汁を草木染めに利用できる（本書コラムP67参照）

大豆

秋

旬は9～11月。「畑の肉」と言われるほど良質のたんぱく質が多く含まれ、昔、肉を食べる習慣のなかった日本人が体力を維持してきたのは、大豆や大豆製品をよく食べていたからと言われている。みそやしょうゆ、豆腐、納豆、きな粉など、日本人の食生活に欠かせない食材。

ふきん、ザル、バット

ざる豆腐

家にある道具を使って、家庭でざる豆腐を作ることができる。四角く整った豆腐にはならないが、市販の豆乳からでも簡単に作れる。市販の豆乳の場合、大豆固形成分が10%以上の濃いものを使う。

＊材料＊
豆乳…1ℓ、にがり…10mℓ

＊作り方＊

❶豆乳を冷蔵庫で冷やしておく。

❷豆乳と同量の湯を沸騰させ、にがりを加えて混ぜる。

❸冷やした豆乳を流し入れてから火を止め、ふたをして蒸らす。このとき、豆乳に練りゴマや青じそ、にんじんなど野菜のペーストを10%ほど混ぜて作っても良い。

❹20分ほどすると固まりになっているので、ザルの上に濡らして固く絞ったふきんを乗せ、お玉ですくって入れていく。このまま器に入れて冷やし固めるだけでも、寄せ豆腐になる。

❺ふきんをかぶせ、水を入れた小瓶などを乗せて重石をし、20分ほどおく。下に落ちる水は、鍋やバットなどで受けると良い。この水は旨みや栄養成分が含まれているので、みそ汁などに入れて飲むと良い。

❻水気が切れたら完成。ふきんをはずし、器に移して食べる。

1ℓの豆乳で約2丁分の豆腐が作れる。冷蔵庫で保存して翌日くらいまでに食べきる。

豆乳、おから

豆乳とおからは大豆から簡単に作れる。手絞りで作るのでおからにも栄養分が多く残り、しっとりとおいしいおからになる。

＊材料＊
大豆…300g

＊作り方＊

❶大豆を洗い、たっぷりの水にひと晩つける。
❷一度水を切り、大豆と同量の水を用意し、何回かに分けミキサーにかける。
❸鍋に移し最初は強火、泡が上がってきたら弱火で10分ほどよく混ぜながら煮る。
❹熱いうちに布でよく絞ってこす。絞るときは、木べらやゴム手袋などを利用すると便利。絞った液が豆乳、残った個体がおからになる。しっかり絞れば、1ℓほどの豆乳が絞れる。

どちらもあまり保存がきかないので、冷蔵庫に入れて翌日までに食べきるか、小分けして冷凍保存すると良い。

きな粉

きな粉は家庭でも簡単に作れる。何ヵ月も保存できるが、香りや風味が良いうちに1ヵ月ほどで使い切れる量を作ると良い。密封容器に入れて冷蔵庫で保存する。

＊材料＊
大豆…適量

＊作り方＊

❶ふきんを濡らして固く絞り、大豆を拭く。
❷フライパンに大豆を入れて、中火でかき混ぜながら炒る。
❸表面に軽く焦げ目がついて香ばしい香りがしてきたら、火を止めてそのまま冷ます。
❹粗熱が取れたら、ミルサーやフードプロセッサーにかけて細かくする。
❺❹をふるいにかけ、残った大きめの粒をすり鉢で細かくして再度ふるいにかけると、サラサラのきな粉になる。

凍り豆腐

寒い地方では、昔から冬になると軒先に豆腐を吊って凍り豆腐が作られてきた。家庭では、冷凍庫で一年中凍り豆腐が作れる。

＊材料＊
豆腐…適量

＊作り方＊

❶豆腐は水気を切り、さいの目や好みの大きさに切って冷凍庫で凍らせる。

❷ザルなどに並べて天日干しをし、溶けてから水分を絞り、さらに干す。

❸再び冷凍庫で凍らせてから天日干しをくり返し、水分が完全に抜けてカラカラに乾いたら完成。

常温で1年ほど保存可能。途中の凍らせた状態で、そのまま解凍せず調味料を加え煮て、含め煮にして食べることもできる。

おから茶

おからはあまり日持ちがしないので、残ったものは冷凍したりフライパンでから炒りするなどして水分を飛ばしておくと、保存できて便利。少し茶色くなるまで炒ったものはお茶にしてもおいしい。鍋に水とおからをひとつまみ入れて煮出すだけ。
容器に入れて数ヵ月保存できる。

こんな使い方もおすすめ

〈納豆〉
ひと晩水につけた大豆を、やわらかくなるまで蒸す。市販の納豆をスプーン1杯ほど取り、熱湯50ccを注いでかき混ぜる。蒸した大豆に納豆の上澄み液をまんべんなくかけて混ぜ、一日保温（方法は本書P115〈三五八漬けの素〉参照）し、納豆のにおいがして糸が引けば完成。
蒸した大豆を細かく刻んで作れば、ひきわり納豆になる。

そば

秋

旬は10～11月。日本では年越しそばや引っ越しそばなど、習慣的に食べられてきたそば。やせた土地でもよく育ち、種をまいてから2～3ヵ月で収穫できるので簡単に育てられるが、食べるには固い殻を取り除いて粉にする作業が必要。

そば殻まくら

自家製麺のそば屋などで、そば殻を分けてもらえることも。

＊材料＊

大人用（約50×35cm）
そば殻……………………………適量
生地…52×72cm（本体）1枚
　　…54×74cm（カバー）1枚
子ども用（約35×25cm）
そば殻……………………………適量
生地…37×52cm（本体）1枚
　　…39×54cm（カバー）1枚

＊作り方＊

❶そば殻は、風に飛ばされないようにポリ袋や目の細かい網などに入れ、天気の良い日に一日天日干しをする。

❷本体生地を中表に半分に折り、1cmの縫いしろを取ってまわりをぐるりと縫う。返し口を5cm取っておく。補強のため、二重に縫っておくと安心。

❸返し口から表に返す。

❹返し口からそば殻を好みの量入れて、返し口を手縫いで閉じる。そば殻は紙などでじょうごを作ると入れやすい。

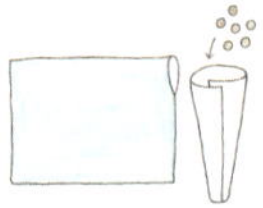

❺カバー生地の両端を5mmのところで折り、もう一度折り返してその上を縫い止める。

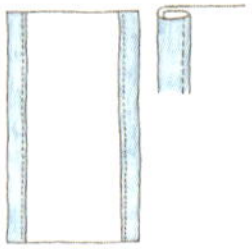

❻中表を半分に折り、折り合わせた部分を1cmの縫いしろを取って縫う。

❼表に返し、本体にカバーをかぶせて完成。

コラム⑤

おんぶひもを作ろう

子どもが生まれてから、家事をするときや家庭菜園をするとき、おんぶがとても役立ちました。おんぶの中で私が一番気に入ったのが、昔ながらの一本帯でした。一本なので折りたためてかさばらず、フリーサイズでゆるくもきつくもなくちょうど良い状態で、いろいろな結び方ができます。おんぶの役目が終わったら、切ってふきんや手ぬぐい、ハンカチなどに利用できます。最初は慣れるまで練習する必要がありますが、知っていると便利です。一本帯のおんぶひもは、自分でも作れます。

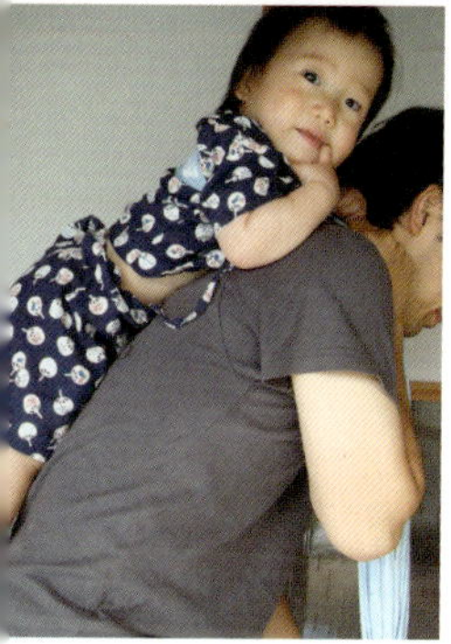

材料：
さらしの反物4m分（1反でおんぶひも2つ作れる）
手芸糸

作り方：
1. さらしの反物を、4mほどの長さで切る。
2. 帯の端がほつれないように処理する。帯の両端を1㎝ほどに折り、さらにもう一度折り返して、その上をミシンまたは手縫いで縫いつける。
3. ひもの半分の位置に何か目印をつける（糸で×印を刺繍するなど）と、おんぶするときに使いやすい。

おんぶの方法：
①帯の中心を赤ちゃんの背中にまわし、脇の下から前に通してしっかりつかんで背中に持ち上げる。
②胸の前で帯をクロスさせてから、後ろにまわして赤ちゃんのおしりを包み、交差させる。
③前にまわして腰の位置で帯を結ぶ。

赤ちゃんの脇の下とおしりの下に帯を通して支えている状態。肩の部分の帯を広げると、重さが分散されて楽になります。

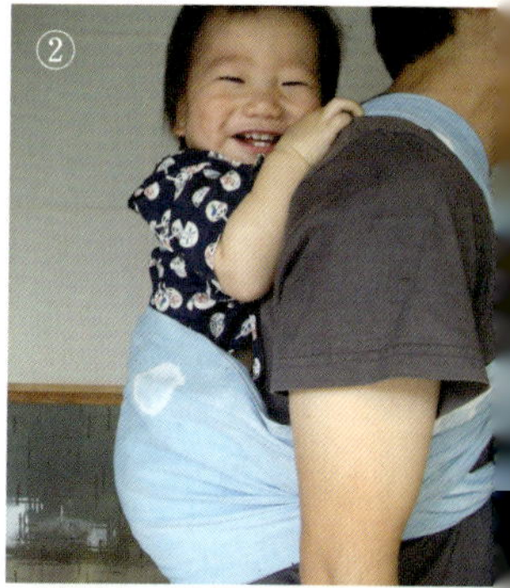

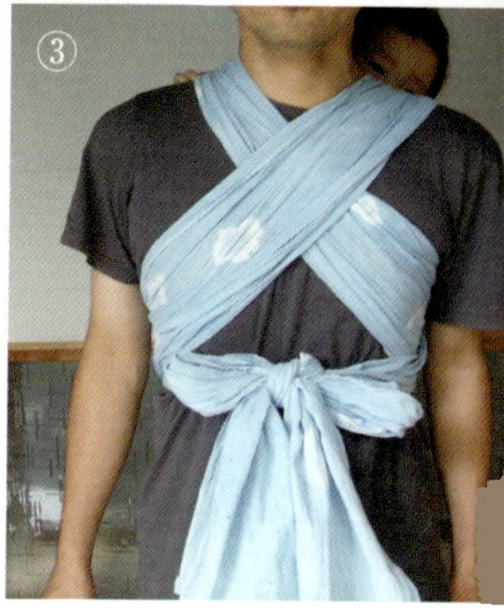

コラム⑥
種の活用法
野菜や果物を食べた後に出る種。種には、根や芽が出て育つために必要な栄養が含まれていて、普段私たちが利用しているものの中にも、種の部分を食べているもの（米、麦、大豆、ゴマ、とうもろこし、栗、くるみ、ぎんなんなど）がたくさんあります。
ぜひ、食べた後に出る種も上手に活用してください。

りんごの種から発芽した苗。

食べた後に保存している種。

本書で紹介した種の食べ方一覧：
・ビワ…焼酎漬け、焼いて食べる
・梅…殻ごと食べる、または殻を割って中身を食べる
・かぼちゃ…炒って中身を食べる、炒って煮出しお茶にして飲む
・ゴーヤ…そのまま食べる、炒って食べる、酢漬け
・すいか…炒って食べる、炒って煮出して飲む
・柿…炒って砕いて、お茶にして飲む
・りんご…そのまま食べる、砕いてお茶にして飲む
・ゆず…焼酎漬け、焼いて粉末にして食べる

市販の種は、発芽しやすいように薬品で処理がされている場合があるので避ける。植物の種の中には、毒のあるものもあるので注意。

食べた後の種を発芽させて育てられる。種類によるが、上手に育てれば葉や実が収穫できる。
植物の種にはそれぞれ発芽するための条件があり、それが揃えば発芽する。植物によって違うが、主なものは水・空気（酸素）・温度や光。すぐにまかない場合は保存しておき、春ごろにまく。

保存方法：
・野菜の種は、洗って日陰干しをして乾燥させた後、冷蔵庫か冷暗所で保存。
・果物の種は、洗った後濡らした布で包み、乾燥しないように冷蔵庫で保存。

種の寿命は何年ももつものもありますが、どれも時間が経つにつれて発芽率は下がっていくので、できるだけ翌年までにまくと良いです。

冬

わが家は古い家なので、冬は室温が一ケタになりますが、こたつと火鉢で手足を温める程度で過ごしています。寒さを防ぐ工夫として心がけているのは、体を温める食材を毎日少しずつ摂り、体の内側と外側から温めること。これらの食材を調味料に漬けたり、乾燥させて保存食にしておき、いつでも利用できるようにしています。

わが家の子どもたちはそのせいか、冬でも手足が温かく、裸足や薄着でも元気です。ひざかけやストール、手袋やマフラーなどを利用して肌が露出する部分を減らし、体の熱が逃げないようにして腹巻きやレッグウォーマーで冷えやすい部分を温めれば、寒さもだいぶやわらぎます。

そして、一年を締めくくる大そうじは、家の中を見直すのに良い機会。不要なものは、別の用途で利用する、欲しい人に譲る、バザーやフリマに出すなどしています。私は、新しいものを買うよりもあるもので工夫し、古いものを長く大切に使うようにしていきたいと思っています。年を経るごとに、少しずつ、本当に必要なものだけでシンプルに暮らしていけたらいいなと思います。

ヤーコン

冬

旬は10～12月。オリゴ糖や食物繊維、ポリフェノールなど栄養成分が多く含まれている野菜。生でも加熱しても食べられ味にクセもないので、サラダや酢の物、炒め物や煮物、汁物、漬物など様々な料理に使える。

干しヤーコン

ヤーコンは天日干しで乾燥させると、干しいものように食べられる。乾燥させることで携帯でき、外出先などで小さい子どものおやつにもなり便利。

＊作り方＊

ヤーコンを皮ごと7～8㎜ほどの厚さにスライスし、酢を少々加えた水に1～2時間さらしておく。（空気に触れると酸化して黒くなるので、酢や柑橘果汁を加えた水につけるか、熱湯で1～2分茹でると変色が防げる）その後蒸し器で10分ほど蒸してから、天日干しをする。天気の良い日に4～5日ほど干すと、ねっとりと乾いた干しヤーコンができる。

ヤーコンのみそ漬け

＊材料＊

ヤーコン…2～3本、みそ…300g、砂糖…大さじ2、みりん…大さじ1

＊作り方＊

❶ヤーコンは皮をタワシでこすり落とし、酢水に1～2時間浸しておく。
❷みそ・砂糖・みりんをよく混ぜ合わせる。
❸ヤーコンの水気を切り、❷に漬け込む。表面にも❷をしっかりと塗り込む。

1週間ほど漬ければ食べられる。冷蔵庫で2週間保存可能。

ヤーコンのしば漬け

透き通ったヤーコンが鮮やかなピンク色に染まり、とても綺麗な漬物ができる。

＊材料＊

ヤーコン…2～3本、梅酢…300mℓ、みりん…1/2カップ、砂糖…大さじ2、塩…少々

＊作り方＊

❶タワシで皮をこすり落としたヤーコンを塩水に1時間ほどつけ、水分を抜く。
❷梅酢・みりん・砂糖を混ぜ合わせる。
❸ヤーコンの水気を切り、❷に漬けて重石をする。

2～3日漬ければ食べられる。冷蔵庫で1週間保存可能。

こんな使い方もおすすめ

〈切り干しヤーコン〉

ヤーコンは、千切りにして酢水に1時間ほどさらしてからカラカラに乾くまで天日干しをすると、切り干し大根のようになる。もともと水分が多いので長期保存に向いていないが、干すことで保存できる。

こんにゃく

冬

旬は10～12月。カロリーや栄養価はほとんどないが、消化されずに体内を素通りするため腸をきれいにする働きがあり、昔から「腹の砂下ろし」と言われている。

こんにゃくいもは、旬の時期に農産物直売所などで入手できる。精製ソーダは、こんにゃくの素として直売所やスーパー、または薬局で購入可能。

こんにゃく

こんにゃくには生いもから作れるものと、いもを精製したこんにゃく粉から作られるものがあり、現在は粉から作られたものがほとんど。

こんにゃくいもが手に入る時期に、昔ながらの生いもこんにゃくを作ってみては。

＊材料＊

こんにゃくいも…1kg（こんにゃく粉の場合は100g）
精製ソーダ……60～80g
水……3500～4000cc

＊作り方＊

1. こんにゃくいもを洗い、タワシで表面の皮を薄くこすり落としてから、細かく切って水少々を加え、何回かに分けてミキサーにかけるかすりおろす。

湯のみですくった状態。

青のり入り、すりおろしたゆず皮入りのこんにゃく。

❷精製ソーダを100ccの湯で溶かしておく。
❸こんにゃくいもと水3500cc弱を入れて、最初は強火にかける。湯を用意しておき、固ければ少しずつ足していく。
❹ブツブツと音が出てきたら中火にして、木べらで混ぜながら15分ほど煮つめていく。
❺色が半透明に変わり、混ぜるのが重くなってきたら火を止める。青のりやゆずの皮、すりゴマ、ゆかりなどを入れる場合はこのときに加える。
❻精製ソーダを加え、手早く隅の方までよくかき混ぜる。
❼しばらくそのまま置き表面が固まって粗熱が取れたら、湯飲みなどを水で濡らしながらすくって丸め、水を張った鍋に入れていく。または、鍋に入れたまま水を加えて適当な大きさに切り分けても良い。
❽30分ほど弱火で茹で、アク抜きをすれば完成。

新しい水に替えて、水につけた状態で保存する。

刺身こんにゃくとして生で食べる場合は1週間まで、その後は火を通してから食べる。毎日水替えをすれば、冷蔵庫で2～3週間ほど保存可能。
みそおでん、煮物、五目ご飯の具などに使え、手元にあると便利。

こんな使い方もおすすめ

〈こんにゃく湿布〉
こんにゃくを熱湯につけ、中まで熱くなったら乾いた布に包んで冷えを感じる部分に当てると、血行が良くなる。

ゆず

冬

旬は11～1月。果肉は甘みがなく酸味が強いのでそのままでは食べにくいが、香りが良くスパイスとして利用される。果汁も皮も青いうちから利用でき、食酢やレモンの代わりにもなる。
すだちやかぼすもゆずの仲間で、同様の使い方ができる。

種から育てる

ゆずを食べたときに出る種は、洗ってからそのまま土にまくか、洗った後に湿らせたガーゼなどに包んで冷蔵庫で保存しておき、3～4月ごろにまく。20℃前後の気温で水に湿らせて室温に置いておくと、1週間ほどで発芽する。鉢などに植えても育てられる。常緑樹なので一年中葉が落ちず緑が楽しめるが、成木になるまでの期間が長く、実がなるまで8年以上かかる（ほかのかんきつ類も同様）と言われている。
かんきつ類にはよくアゲハチョウが飛んできて卵を産んでいくので、わが家のゆずの苗木は子どもの観察用になっている。

ゆず茶

ゆず茶は韓国では古くから親しまれていた飲みもので、体を温めたり疲労回復や風邪の諸症状、美容などに効果があると言われている。

＊材料＊

ゆず……………………4～5個
砂糖（またはハチミツ）…300g

＊作り方＊

❶ゆずは洗ってから水分をよくふきとり、半分に切って果汁を搾る。
❷さらに半分に切り、内側の白い部分を包丁でそぎ落としてから千切りにする。
❸瓶に❷を入れて上から砂糖、搾った果汁を入れる。
❹1週間ほど室温に置き、砂糖が溶けてエキスが出たら完成。

冷蔵庫に入れて2～3ヵ月保存可能。これを適量取り分け、湯などで割って飲む。中の皮も食べられる。

ゆずピール

果汁を搾った後の皮も、手を加えれば上品なお菓子になる。細切りにして冷凍保存し、量がたまってから作っても。

＊材料＊

ゆず…4～5個、砂糖…100g（別に仕上げ用の砂糖少々）

＊作り方＊

❶ゆずの皮は内側の白いわたを包丁でそぎ、細切りにしておく。
❷鍋にゆずの皮を入れてひたひたの水を加え、5分ほど茹でてから湯を茹でこぼす。（茹でこぼした水は、油汚れを落とすのに利用しても）
❸再びひたひたの水を入れ、砂糖を加えて弱火で汁気がなくなるまで煮つめる。
❹バットなどに重ならないように並べ、2～3時間乾かす。ゆず以外のかんきつ類の皮でも同様に作れる。

冷蔵庫に入れ、2ヵ月保存可能。

ゆず酢・ぽん酢

ゆずの果汁はゆず酢と呼ばれ、古くから食酢の代わりに利用されてきた。ゆずは若いものだと青臭くなるので、7割黄色くなってから搾る。また、強く搾りすぎると皮に含まれる苦み成分などの不純物が混ざってしまうので、搾りすぎに注意。

ゆず酢は果汁以外のものが混ざると発酵しやすくなるので、布でこしてから冷蔵庫で保存する。製氷器などに入れて小分けにして冷凍すれば、1年保存可能。

＊材料＊

ゆず…4～5個、しょうゆ…100cc、みりん…20cc、昆布…5cmほど

＊作り方＊

❶ゆずは果汁を搾り、ゆず酢を作っておく。
❷調味料を合わせて昆布を加え、1日置き昆布を取り出して完成。

冷蔵庫で1年保存可能。少し経つと熟成し、旨みが出ておいしくなる。

ゆずの種の利用法

・ゆずの種の焼酎漬け

ゆずなどのかんきつ類の種にはペクチンが含まれているので、焼酎に漬けておくと成分が抽出され、保温効果や手足のひびやあかぎれ、肌荒れなどに効果がある。種の表面のぬるぬるした部分がペクチンなので、洗わずにそのまま瓶などに入れて焼酎をひたひたに注ぐ。種も焼酎もその都度足していくこともでき、常温で1年以上保存可能。1ヵ月ほどおくとエキスが出てくる。種は2～3回くり返し使える。

化粧水（本書コラムP124参照）も作れる。ゆずの種のエキスには、活性酵素の除去や、コラーゲンの生成を促す働きがあると言われている。エキスを利用した後の種は、黒焼きの粉末に利用できる。

・ゆずの種の黒焼き粉末

種を黒くなるまで焼いたものは、民間薬や漢方薬として利用されてきた。出血や炎症の痛み止め（喉や腰、膝など）、血行を良くして冷えを防いだり、食あたりなどに効果があると言われている。

＊作り方＊

❶ゆずの種は洗って水気を切る。

❷種をアルミホイルで二重に包み、フライパンか土鍋で弱火にかけて炒る。

❸10～20分ほどで種に焼き色がついたら火を止め、ミルサーやすり鉢などで粉末にする。

密封容器に入れて常温で保存できる。苦みがあるので、少量（1～2g）ほど飲むと良い。

ゆずの皮の利用法

・ゆず皮茶
皮を天日干しして乾燥させたものを漢方では「柚《ゆ》」と呼び、香りの成分には抗ウイルス・殺菌作用があると言われている。普段飲むお茶に少し加えると飲みやすい。水に入れて煮出したものは風邪やインフルエンザなどの予防になる。煮出した液は、ひびやあかぎれにつけても効果がある。

・ゆずの皮の粉末
乾燥させた皮を、ミルサーやすり鉢などで粉末にして利用できる。苦みがあるので、そのまま食べるよりも料理の香りづけとして汁物や漬物などに加えて使うと良い。
この粉末と乾燥した赤唐辛子の粉末（一味唐辛子）を合わせると、乾燥黄ゆずこしょうになる。みかんの皮のように、七味唐辛子の材料にしても良い。

・入浴剤
乾燥させた皮は、ゆず湯のように入浴剤として利用できる。香りの成分が血行を良くして体を温めたりするほか、神経痛や腰痛をやわらげたり肌をなめらかにする効果もある。何個かを布に包み、お風呂の浴槽に入れる。

りんご

冬

旬は10〜12月。昔から「1日1個のりんごを食べると医者いらず」と言われ、生で食べても体を冷やすことなく血圧を下げたり腸の働きを助けたり、余分なコレステロールを排出する働きなどがある。皮には栄養成分が多く含まれるので、皮ごとの利用がおすすめ。

干しりんご

りんごがたくさん手に入ったときなど、干して乾燥させておくと便利。子どものおやつや携帯して食べると良い。

＊材料＊

りんご……適量

塩…………少々

＊作り方＊

1. りんごは皮ごと5mmほどの厚さに切る。
2. 酸化して茶色くなるのを防ぐため、塩水にくぐらせる。
3. 水気を取り、風通しの良い場所でときどき裏返しながら天日干しする。
4. 完全に乾いてから冷蔵庫で1ヵ月保存可能。

冷凍なら長期保存できる。

種を植える

りんごを食べた後、芯から種を取り出して育てられる。種は洗った後湿らせたガーゼなどに包み、ビニール袋に入れて冷蔵庫で保存してから、3月ごろ土にまく。りんごの種はすぐにまいてもあまり発芽しないが、寒い場所（0〜5℃）にしばらくおいてからまくと、よく発芽する。実をつけるにはほかの種類の花粉が必要なので、2種類以上植える。種から育てて実ができるまでは7〜8年かかるが、鉢植えでも実をつけることも可能。

りんごは光と風と水を好むので、日当たりと風通しの良い場所で土が乾燥しないように水やりをしながら育てると良い。冬には葉が落ちて枝だけの状態になるが、寒さに当たることで春に再び葉をつけるので室内に入れずに室外で育てる。

みかんの皮の利用法

みかんの皮を干したものは、漢方では陳皮と呼ばれ、利用されてきた。ノーワックスのみかんの皮を使って作る。

・みかんの皮茶
食べた後の皮を天日干しして乾燥させ、水に入れて煮出し、お茶として飲む。風邪の予防に効果があると言われている。また、胃の働きや消化を助けたり、吐き気を止める効果も。煮出した液は、しもやけの患部につけたり、油汚れも落ちやすくなる。

・みかんの皮の粉末
乾燥させたみかんの皮をミルサーやすり鉢などで粉末にする。七味唐辛子の材料の1つで、料理の香りづけに振りかけたり、風邪薬や胃薬の代わりに少量ずつ食べる。

冷凍みかん

＊作り方＊

❶皮のしまった硬めのみかんを選ぶ。
❷軽く洗い、水分をふき取る。
❸冷凍庫で凍らせる。
❹凍ったら、冷水にくぐらせて氷の膜を作り、再び冷凍庫で凍らせて完成。

氷の膜を作ってよく凍らせることで、パサパサしない冷凍みかんにできる。

みかん

旬は11～1月。かんきつ類の中では香りは少ないが、皮がむきやすくて味にクセもなく、食べやすいのが特徴。ビタミンCが多く風邪予防の効果もあるので、冬にぴったりの果物。

冬

ねぎ

冬

旬は12～2月。体を温めて血行を良くする作用があるので、冬には欠かせない野菜。発汗を促して風邪予防の効果もあり、香りの成分は安眠にも良いと言われている。
わが家も家庭菜園で作り、薬味やみそ汁、鍋物にと寒い時期は大活躍している。

育て方

ねぎの仲間はいろいろな種類があり、鉢植えや小さなスペースならあさつきやわけぎなど選ぶと良い。あさつきは寒さに強く日陰でも育つほど丈夫で育てやすく、一度植えれば2～3年は収穫できる。
9～10月ごろ球根を用意し、芽を上にして2～3個ずつ15cmほどの間隔で植える。水分が多すぎると球根が腐りやすく乾きすぎると枯れてしまうので、土の表面が乾いてきたら水やりをする。3月ごろ茎が伸びると収穫できる。根元近くで刈り取れば、再び葉が生えてきて、5月ごろ、ピンクの花が咲くまで収穫できる。
わけぎも丈夫で、植えつけた後1～2ヵ月で収穫できる。半日陰で育つ。8～10月ごろ球根を用意して、あさつきと同様に植えつける。葉が伸びれば収穫でき、根元近くで刈り取れば再び葉が生えてきて、10～4月ごろまで長く収穫できる。

あさつき

わけぎ

干しねぎ

ねぎがたくさん収穫できたときや手に入ったときは、細かく刻んで天日干しをして乾燥させておくと便利。みそ汁やめんつゆなどに薬味としてそのまま入れるだけで、好きなとき簡単に使える。

ねぎの民間薬について

古くから、風邪の特効薬としても利用されてきたねぎ。殺菌作用が強く体を温めて発汗を促すため、熱を下げたり炎症を鎮める働きがある。

・ねぎみそ
ねぎの白い部分をみじん切りにして、みそ少々（10gほど）を加えて、熱湯を注ぎ混ぜて飲む。熱や頭痛、悪寒がするとき寝る前に飲むと良い。（あればしょうがもすりおろして加える）

・ねぎ湿布
のどの痛みには、湿布として使うと効果がある。ねぎの白い部分を5～6cmに切り、2つ割りにして火であぶる。少し焼き目がついてやわらかくなったら、ガーゼなどに包んで切り口がのどに当たるように巻いて止める。4～5時間したら取り替える。

大根

冬

旬は12～2月。消化酵素やビタミンCが含まれ「自然の消化剤」として、胃の調子を整える働きがある。この2つの成分は熱に弱く、胃腸薬として利用したいときは生で食べる。葉の部分の方がビタミンやミネラルなどの栄養成分が多いので、葉も捨てずに利用しよう。

大根のビール漬け

飲み残しのビールでおいしい漬物が作れる。漬物なら、お酒に弱い人や子どもでも大丈夫。

＊材料＊

大根	1本
砂糖	200g
酢	大さじ4
塩	40g
ビール	350mℓ（缶1本分）
赤唐辛子	1本（または粉がらし20g）

＊作り方＊

❶大根を1/4ほどの長さに切り、半分に割る。ザルに並べて半日ほど天日干しする。

❷漬け汁の材料をすべて合わせてかき混ぜ、大根を漬ける。浮かないように軽く重石をすると良い。

1週間ほど漬ければ食べられる。汁に漬けたまま冷蔵庫で保存すれば、2週間保存可能。

はりはり漬け

＊材料＊

切り干し大根…1本分、ダシ汁…1カップ、酢…1/4カップ、しょうゆ…大さじ2、砂糖…大さじ2、塩…小さじ1、赤唐辛子…1本

＊作り方＊

❶鍋に調味料を入れひと煮立ちさせ、砂糖が溶けたら火から下ろして冷めてから酢を加える。

❷切り干し大根は、水洗いをして水に10分ほどつけてもどす。

❸水気を絞り、瓶に入れる。

❹赤唐辛子を小口切りにして加え、調味料を注いでひと晩漬ければ食べられる。

冷蔵庫で1ヵ月保存可能。

大根の葉の利用法

大根は皮や葉にも栄養が多く、捨てるところがない野菜。葉は炒めたり、汁物に入れたりするほか、わが家では菜めしや佃煮、ふりかけにして食べている。

・菜めし

葉はしっかり洗った後、細かく刻んで塩ひとつまみを入れてもんでおく。よく絞って水気を切り、炊き上がったご飯に混ぜて完成。かぶの葉なども同様にして食べられる。

・佃煮

大根の葉を洗い、熱湯にさっとくぐらせてから細かく刻む。しょうゆ・みりん・砂糖で味つけをして煮つめ、汁気がなくなったら完成。冷蔵庫で1ヵ月保存可能。

・干葉

葉を洗い、熱湯にさっとくぐらせてから水気を絞って天日干しする。そのまま干しても良いが、熱湯にくぐらせれば水分が抜けて早く干し上がる。カラカラに乾いたら、そのまま保存するかミルサーやすり鉢で粉末にして保存する。粉末にした干葉は、料理にふりかけたり、塩少々を加えればふりかけになる。ふりかけには、ゴマ、のり、かつおぶし、青のり、ちりめんなど好みの材料を混ぜても。

こうじ

こうじは、米・麦・大豆などの穀物に麹菌という日本特有の菌を繁殖させたもの。麹菌は多くの消化酵素を含み、発酵によって様々な化学反応を起こして、多くの栄養素を生み出す。

甘酒の季語は5月で、昔は初夏の飲みものと言われていた。これは、日本が高温多湿のため、カビの生えやすい時期に麹菌という良い菌を体内に取り入れてカビを防ぎ、夏を乗り切る知恵だった。砂糖の代わりに甘味料として利用するほか、日本生まれの発酵飲料として近年再び注目されている。甘酒や漬物を作るときは、主に米こうじを使う。

通年

塩こうじ

＊材料＊

こうじ…500g

塩………こうじの1/3量

＊作り方＊

❶こうじをよくほぐして塩を混ぜ合わせ、ひたひたになるまで水を入れる。

❷冷蔵庫に入れて1週間ほど置き、発酵させれば完成。

これを取り分けて、ぬか床のように野菜を1日漬けて食べる。(表面についたこうじも落とさずに、そのまま食べる)肉や魚も漬けられる。ぬか床のようにかき混ぜる必要もなく、何度も漬けられる。

冷蔵庫で2～3ヵ月保存可能。

しょうゆこうじ

＊材料＊

こうじ…300g

しょうゆ…こうじと同量

＊作り方＊

❶こうじをよくほぐし、しょうゆを加えて混ぜる。

❷冷蔵庫で1ヵ月ほど置いて発酵させれば完成。

塩こうじと同様に利用するほか、野菜に和えたりディップのように野菜につけて食べても。塩・しょうゆともに早く使いたいときは60℃くらいでひと晩保温すれば発酵が早く進み、すぐに利用できる。冷蔵庫で2～3ヵ月保存可能。

三五八漬けの素

三五八漬けは、もともと冷蔵庫のない時代に保存のため塩を多く入れ、塩3：こうじ5：米8の割合で作る漬物だったが、現在は冷蔵庫で保存できるので塩の割合を2にすると、塩辛くなく食べやすい。

＊材料＊

米…400g、こうじ…250g、塩…100g

＊作り方＊

❶米を炊き、熱いうちにこうじを加えて混ぜる。

❷鍋に入れ1日60℃ほどで保温する。甘みが出てきたら塩を混ぜ、冷蔵庫で1週間ほど置いて味がなじめば完成。保温の仕方は、鍋などに入れふたをして湯たんぽを当てて、バスタオルでくるむ。または熱湯を入れた瓶などと一緒に発泡スチロールに入れるほか、炊飯器で保温しておいても良い。

冷蔵庫で1ヵ月ほど保存可能。漬ける材料に合わせて、そのつど取り分ける。野菜を食べやすい大きさに切り、素をからめて30分～1時間ほど置いて食べる。

べったら漬け

べったら漬けは、こうじに調味料を加えて大根を漬ける東京生まれの漬物。表面に粘りが出ることからこの名前がついた。

＊材料＊

大根…1本、塩…60g、水…1/2カップ、こうじ…200g、湯…1カップ、みりん…1/3カップ、昆布…15cm、赤唐辛子…2～3本、焼酎…少々

＊作り方＊

❶（下漬けをする）大根は容器に合わせた長さに切り、2つ割りか4つ割りにする。分量の塩と水を加え2kgほどの重石をして、水気が出てしんなりとするまで2日ほど置く。

❷（こうじ床を作る）こうじをほぐし、60℃くらいのお湯を加えてよく混ぜる。そのままひと晩保温する。（保温は三五八漬けの素参照）

❸発酵してふっくらとしたら、みりんを加えて混ぜる。

❹（本漬け）大根は水気を切り、焼酎で表面を軽く洗っておく。

❺容器にこうじ床を薄く敷き、大根を並べて昆布や唐辛子を加える。

❻残りのこうじ床をのせて表面を平らにし、ラップでぴったりとふたをする。軽めの重石を乗せて、冷暗所に2日ほど置けば完成。

ラップの上に水分が出てきたら、水分を捨ててから保存する。
冷蔵庫で2週間保存可能。

甘酒

こうじで作る甘酒は栄養豊富で砂糖も入っていないので、まとめて作り置きして赤ちゃんの離乳食や子どものおやつにおすすめ。甘「酒」という名前でもアルコール分は含まれていないので、誰でも安心して飲める。

＊材料＊
ご飯…3合、お湯…1カップ、米こうじ…300g
ご飯はもち米で炊くと、より甘みが強くなる。白米や分つき米、雑穀などを混ぜたご飯でも作れる。玄米でも、やわらかく炊いて発酵時間を少し長めにすれば作ることができる。

＊作り方＊
❶ご飯を炊き、熱いうちに湯(60℃ほど)とこうじを混ぜ合わせる。
❷このままひと晩～半日ほど保温する。発酵が進むにつれてどんどん甘くなっていくので、好みの甘さになったら鍋に移し、弱火で沸騰させて発酵を止める。(そのままにして発酵が進みすぎると、酸っぱくなるので注意。麹菌は80℃ほどで死んでしまうので、発酵が止まる)

冷めてから冷蔵庫で保存する。4～5日保存可能。冷凍すれば長期保存も。飲むときは、水で薄めてから温め好みで塩やしょうがのすりおろしを少々加える。温めても冷やしても良い。砂糖の代わりに甘味料としても利用できる。

＊うまく発酵しなかったり使い切れない場合は、塩を混ぜて（食べて味を見ながら加えていく)、三五八漬けの素のようにして使える。
＊甘酒は、麹菌がご飯のでんぷんを分解してブドウ糖に変える働きを利用して作られる。米以外でもでんぷんを多く含むものであれば、甘酒が作れる。かぼちゃやさつまいも、紫いもで作ると色がきれいになるので、甘味料としてお菓子作りにも活用してみよう。

さつまいも・紫いも・かぼちゃの甘酒

＊作り方＊
蒸してやわらかくなったら、つぶしてペースト状にする。こうじを加えて混ぜ、保温する。
分量や作り方は、ご飯のときと同様。

みそ

通年

みそは日本の伝統的な調味料で、こうじの種類やその土地の気候・風土によって様々な味や香りがある。大豆そのものは消化の悪い食品だが、みそにすることで消化率がとても高くなると言われている。

みそ（米みそ、麦みそ）

＊材料＊できあがり約4kg

こうじ…1kg（米みその場合は米こうじ、麦みその場合は麦こうじを用意する）

大豆（乾燥）…1kg、塩…450g（別に表面に振る塩50g）

大豆の煮汁

＊作り方＊

❶大豆を洗った後、たっぷりの水にひと晩浸しておく。

❷鍋に大豆と水を入れて火にかけ、沸騰したら弱火にして大豆が指でつぶせるほどやわらかくなるまで煮る。圧力鍋を利用すると、短時間でやわらかくなる。

❸大豆を煮ている間に、こうじを手でほぐして塩を混ぜ合わせる。

❹大豆を取り出し、熱いうちにつぶす。煮汁を加えてミキサーにかけると、なめらかになる。煮汁はとっておく。

❺大豆が温かいうちに、こうじを加えて混ぜ合わせる。煮汁を足していき、耳たぶほどの固さにする。

❻陶器、ホーロー容器、木樽など塩に強い容器を用意する。みそを丸めて、容器に投げ入れていく。カビを防ぐため、空気のすき間ができないようにする。また、容器を熱湯で消毒して35度以上の焼酎で拭いておく。最後に表面を平らにして、表面に塩を振ってふたをする。その上からラップをぴったりと張り合わせて、上から重石をしておく。

冷暗所で保存し、熟成させる。風通しが良く、温度変化の少ない場所が最適。最短で6ヵ月を過ぎれば食べられるが、1年ほど熟成させてから食べるのが一般的。完成したらカビの生えた部分を取り除き、使う分だけ別の容器に取り分け、冷蔵庫で保存して使う。
春～夏はカビが生えやすいので、秋～冬の間に作った方が良い。

白みそ

短期間でできあがるので、初めて作る場合におすすめ。秋に仕込めば、お正月に食べられる。こうじの量が多いので、甘口で早く熟成するのが特徴。塩の量が少なく長期保存には向かないので、できあがったら冷蔵庫で保存して2～3ヵ月で食べきるようにする。この分量で、約2kgのみそができる。

＊材料＊

米こうじ……1kg
大豆（乾燥）…300g
塩……130g
大豆の煮汁

＊作り方＊

みそと同じ

夏は仕込んでから30日ほど、春や秋は35～40日ほど、冬は45日ほど熟成させれば食べられる。

乾物類

通年

日本人に親しまれてきた伝統食品。乾物は味の良さと保存性に加え、栄養成分も豊富なことが特徴。わが家ではダシを取ったり毎日の食事に利用するほか、子どものおやつにするものが見あたらないときは、昆布やするめなどをおやつ代わりに食べさせている。

のりの佃煮

のりを湿らせてしまったり、たくさん手に入ったときに作っておくと便利。ご飯にのせて食べると食が進む。

＊材料＊

のり……………10枚
しょうゆ…大さじ2
みりん……大さじ1
酒……………大さじ1
砂糖…………大さじ1

＊作り方＊

❶のりを適当な大きさにちぎって鍋に入れ、水1/2カップを加えてふやかしておく。
❷のりがやわらかくなったら火にかけ、調味料を加えて汁気がなくなるまで煮つめて完成。

冷蔵庫で2週間保存可能。

昆布の佃煮

ダシを取った後の昆布・煮干し・かつお節は冷凍しておき、まとまった量になったら佃煮にすると良い。しいたけやたけのこ、山椒の実などと一緒に煮てもおいしい。

＊材料＊

昆布	30g
しょうゆ	大さじ3
みりん	大さじ1
酒	大さじ1
砂糖	大さじ1

＊作り方＊

鍋に角切りか細切りにした昆布とひたひたの水、調味料を入れ、弱火で汁気がなくなるまで煮る。

冷蔵庫で2週間保存可能。

煮干しの佃煮

＊材料＊

煮干し	20g
しょうゆ	大さじ1
砂糖	大さじ1
みりん	小さじ1
煮干しのダシ	少々

＊作り方＊

鍋に煮干しとダシ、調味料を入れて弱火で汁気がなくなるまで煮つめる。

冷蔵庫で2週間保存可能。

おかかふりかけ

＊材料＊

かつお節	30g
しょうゆ	大さじ3
みりん	大さじ2
砂糖	大さじ1
白または金ゴマ	大さじ1

＊作り方＊

❶鍋にしょうゆ・みりん・砂糖を入れて煮立ったらかつお節を加える。
❷弱火でよく混ぜながら煮つめ、汁気がなくなったら完成。最後にゴマを混ぜる。

冷蔵庫で1ヵ月保存可能。

コラム⑦

ぞうりを作ろう

たけのこやとうもろこしの皮などは、一度にたくさんの量が出るのでかさばり、生ごみ堆肥にするためコンポストに入れても、繊維が固いのでなかなか分解されません。そこで、この皮を使って何か作れないかと思い、布ぞうりの要領でぞうりを編んでみました。
そのほかに、皮や育てた後の植物の枝葉などを利用して小物や飾りも作れます。編み物の本などを参考にしながら、工夫して作ってみてください。

さいた、たけのこの皮。

とうもろこしの皮のぞうり。

〈ぞうり（大人用一足分の目安）〉

材料：たけのこの皮1 ～ 2本分、またはとうもろこしの皮2 ～ 3本分、稲わら一束など
（土台用）縄やひも、ロープなど（直径8㎜）150㎝ ×2
（鼻緒用）麻ひもや毛糸など（直径3 ～ 8㎜）60㎝ ×6
（鼻緒留め）30㎝ ×1
はさみ、洗濯ばさみ、型紙（チラシの裏など）

作り方：

①（準備）皮を天日干しし、繊維に沿って5 ～ 8㎜ほどにさいていく。

②（鼻緒を作る）

1. ひもを3本揃えて端を輪ゴムで束ね、きつく三つ編みをしていく。編み終わりを輪ゴムで縛る。

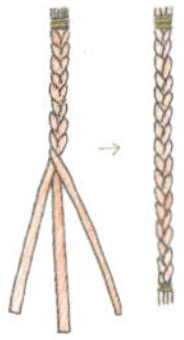

2. 鼻緒の中央に鼻緒留めを結ぶ。

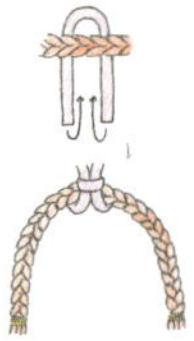

③（土台を作る）

1. 自分の足型を紙に写し取って型紙を作る。

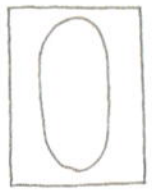

2. 土台用ひもの端同士を軽く結ぶ。

3. 結び目を手前に引いてひとひねりし、土台の型（小判型）を作る。

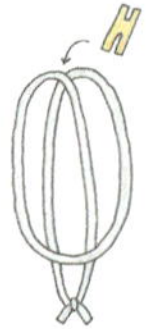

4. 皮を手前から結び、型紙に合わせて編んでいく。体育座りをして、両足の親指にひもをかけたりS字フックをすると編みやすい。

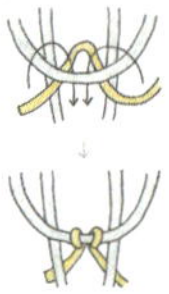

5.ひもを上下交互に通し、手前に引き締めながら編み進める。

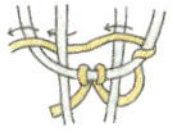

6.皮の終わり（つなぎ目）は、中央のひもの間に入れて終わらせる。次の皮を進行方向隣のひもの間に2㎝ほど差し込み、続きを編みはじめる。

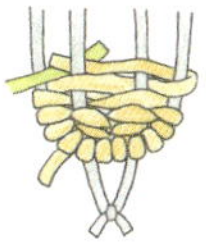

7.土台が残り1㎝ほどになったら、最後は中央に通し同じ場所にもう一回りさせる。

8.土台の結び目をほどき、交互に少しずつ引っ張って形を整えていく。

9.形が整ったら裏返しをして、余分に出ているところを1㎝ほどの長さに切り揃える。

④（鼻緒をつける）

1.土台のつま先から3㎝ほどの位置に、ピンセットや先のとがったものを使って鼻緒留めを差し込む。

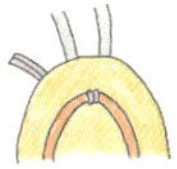

2.裏返して、土台のひもを抱えるように鼻緒留めを固結びにして固定する。固結びのところで土台のひもを玉結びにして留める。

3.足を当ててちょうど良い位置に鼻緒の両端を決め、差し込んでもう一度同じ位置にくり返し差し込み、固定する。

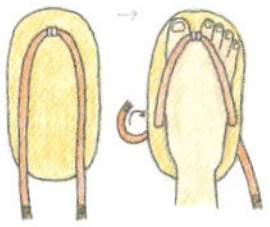

4.裏返して、鼻緒の両端同士を結んで余分な長さを切り揃えれば完成。

できあがったぞうりは、編み目や結び目などが足の裏に当たるようなら、金づちなどでたたいて平らにすると、履きやすくなります。

皮が固く編みづらい場合は、1時間ほど水に浸してから編んでみてください。

左上：さいたとうもろこしの皮。
右下：とうもろこしの皮で編んだコースター。

コラム⑧

化粧水を作ろう

学生のころ、市販の化粧水に書いてある成分表示の数の多さに驚きました。中身の分からないものを肌につけたくないなと思いはじめ、家にあるものや普段口にするもので化粧水が作れないかと考えました。いろいろ調べて自分で作るようになり、現在まで10年近く手作りしています。

材料：

・**水**…普段飲んでいる水。気になるようなら精製水（水を蒸留したり、ろ過をして不純物を除いたもの。薬局などで500mℓ 100円程度で手に入る）を利用しても。

・**焼酎または日本酒**…アルコールには防腐効果がある。お酒の成分には美肌効果もあるので、スキンケアにも向いている。

・**グリセリン**…保湿効果があり、肌の水分の蒸発を防ぐ。200年以上前から医薬品として使われ、市販の化粧品の保湿剤としても利用されている。濃すぎると肌の油分を吸収してしまうので、使うときは必ず全体の10%までの量にする。

・**好みの植物エキス**（本書の中で紹介している野草茶やハーブティー、焼酎漬けのエキスなど）

分量（目安）：

・お茶で作る場合…煮出したお茶100mℓ、焼酎または日本酒大さじ1、グリセリン小さじ1

・焼酎漬けのエキスで作る場合…水100mℓ、エキス大さじ1、グリセリン小さじ1

作り方：

①化粧水を入れる容器を1～2分煮て、煮沸消毒をする。

②容器にすべての材料を入れ、よく振って混ぜ合わせれば完成。

冷蔵庫に入れて保存し、1～2週間ほどで使い切るようにします。

自然素材でも体質などによって合わないことがあります。最初は腕の内側に少量つけて数時間おき、腫れたりかぶれたりしないか確認してください。

〈おわりに〉

東京の下町で生まれた私は、子どものころから植物や昆虫に興味を持ち、わずかに残っていた近所の空き地や神社のまわりの雑木林で遊んでいました。しかし開発が進み、身近な自然が消え、そこにいた生き物がいなくなる様子を見ていた私は「自然を守りたい」「自然を残したい」という思いが芽生え、その思いは次第に強くなっていきました。

その後、環境について学べる大学に進学し、いつも頭の片隅でエコを意識しながら暮らしてきました。授業で教わった印象に残る言葉があります。

“Think Globally.Act Locally”

（地球規模で考えて、身のまわりから行動する）

世界の環境問題を解決するには、まず身近なところから良くしていくということ。一人ひとりが、自分にできることを実践していくことが大切ということを知りました。

私の思いや暮らしに共感して企画を提案してくださったけやき出版の吉村さん、素敵な本に仕上げてくださった小崎さんのおかげで、一冊にまとめることができました。

深く感謝申し上げます。

2011年1月吉日　アズマカナコ

〈さくいん〉

【飲みもの】

【おやつ・甘味】

【素材】

【漬物・佃煮】

＊〈利用法〉〈こんな使い方もおすすめ〉以外のレシピを記載しています。

著者紹介　アズマカナコ

省エネ生活研究家。
1979年、東京生まれ。東京農業大学卒。
東京郊外の住宅地で、ひと昔前の暮らしを取り入れながらエネルギーや環境負荷の少ない暮らしを追求している。
著書に『台所コスメ』『昭和がお手本衣食住』などがある。

ブログ「エコを意識しながら丁寧に暮らす」
http://blog.goo.ne.jp/nozo-kana

捨てない贅沢
東京の里山発 暮らしレシピ

2011年3月3日　第1刷発行
2015年9月16日　第4刷発行

著者　アズマカナコ

発行者　小崎奈央子
発行所　株式会社けやき出版
〒190-0023　東京都立川市柴崎町3-9-6
TEL042-525-9909
FAX042-524-7736
http://www.keyaki-s.co.jp

写真　アズマカナコ
カバーデザイン　やまさき薫
ＤＴＰ　ムーンライト工房
印刷所　株式会社サンニチ印刷
ISBN978-4-87751-434-1 C0077